KB200804

예수를 바라보자

예수를 바라보자

유기성

규장

24시간 주님을 바라보면서 경험한 혁명적인 변화

2013년 9월 10일, 인천공항에서 미국행 비행기에 탑승할 시간을 기다리며 미국 일정을 주님께 부탁드리며 기도하는 중이었습니다. 그 때 "하나님의 사람을 찾으라"는 생각이 아주 선명하게 마음에 떠올랐습니다.

벌써 사흘째, 이 일정을 주님께서 인도해주시기를 기도할 때마다 이번 미국 애틀랜타와 워싱턴 집회는 사람을 만나는 여행이 될 것이라고 하셨습니다. 그래서 제 일정을 돕기 위하여 동행한 부목사님에게 가능하면 유명한 장소를 둘러보는 일보다는 꼭 '하나님의 사람'이라고 여겨지는 사람들을 만나도록 일정을 잡아주기를 부탁하였습니다. 부목사는 어떻게 해야 할지 참 난감해하는 눈치였습니다.

부탁은 그리했지만 주님의 이 지시하심으로 얼마나 놀라운 일을 경험하게 될지, 그 당시에는 저도 전혀 알지 못하였습니다.

하나님의 나라 사람을 만나는 여행

애틀랜타에 도착한 날, 저는 현지 기독교방송국에 가서 집회를 위해 인터뷰를 한 뒤, 방송 국장에게 "하나님께서 이번에 '하나님의 나라 사람'을 만날 것이라는 마음을 주셨는데, 혹시 하나님의 나라 사람이라고 소개해줄 분이 없습니까? 방송국에 계시니 사람들을 많이 알지 않겠습니까?"라고 물었습니다.

한참 고민하더니 한 사람이 생각난다고 하면서 팀 하스(Tim Haahs)라는 한국계 미국인 실업인을 소개해주었습니다. 한국 이름이 '하형록'인 이 분은 미국에서 가장 일하고 싶은 직장 가운데 하나로 꼽히는 '팀 하스'(티머시 하스&어소시에츠; 파킹 개발 컨설팅업체)의 창업자로 대단히 성공한 실업인이며, 오바마 연방 정부에서 건축 과학 관련 백악관 자문위원으로 일하는 분이라고 하였습니다. 특기할 것은 그가 목사이며 KBS 〈글로벌 성공시대〉에 방영된 분이기도 하다는 것입니다.

애틀랜타 기독교방송 국장은 자신이 만나본 사람들 중에 이 분처럼 놀라운 신앙의 사람은 없었다면서 자신이 주선해줄 테니 이 분을 꼭 만나고 가라고 하였습니다. 순간 '이렇게 빨리 응답해주시는가?' 하는 마음에 매우 흥분되었지만 그가 필라델피아에 산다는 말에 크게 실망하였습니다. 일정상 거기까지 가서 그 분을 만날 여유가 없었기 때문입니다.

그 후 미국 집회 일정이 계속되는 중에 정말 귀한 분들을 많이 만났습니다. 이번 미국 집회는 설교를 하러 간 것이 아니라 마치 하나님의 나라 사람들을 만나는 중간중간에 집회를 인도한 것 같은 느낌이었습니다. 사람을 만나고 헤어질 때마다 동행했던 부목사와 서로 쳐다보며 "참 놀랍지 않아?" 하는 표정을 지었던 적이 한두 번이 아니었습니다.

미국에서의 마지막 날, 그날은 한국으로 떠나기 전 하루를 쉬는 일정이었습니다. 아침에 잠에서 깨어 일어났는데, 몸이 너무 피곤하고 두통도 있었습니다. 기도하면서 "주님, 오늘은 무엇을 할까요?" 하고 주님께 물었습니다. 그저 워싱턴을 둘러보도록 안내해준다는 제의만 받았을 뿐이었기 때문입니다.

그런데 기도하던 중 제 마음에 강하게 "하나님의 나라 사람들을 만날 것이다, 사람이다!" 하는 응답을 받았습니다. 그러나 솔직히 확신이 생기지 않았습니다. '혹시 우리를 안내해주신다는 분이 그 사람인가?' 하는 마음으로 부목사와 함께 워싱턴 DC를 둘러보러 길을 나섰습니다.

하나님이 주선하신 만남

우리를 안내해주시기로 한 집사님은 한인 1.5세로 워싱턴이 고향과도 같은 분이셨고, 참 자상하고 적극적인 분으로 우리에게 하나라도 더 보여주기 위해 애를 쓰셨습니다.

그런데 운전하며 하시는 말씀이, "오늘 목사님을 안내해 드리려고 아주 중요한 대학 동창과의 만남도 취소했습니다"라고 하며 그 사람이 KBS 〈글로벌 성공시대〉에도 소개되었다고 하며 이름이 '팀 하스'라고 하였습니다. 저뿐만 아니라 동행한 부목사도 깜짝 놀랐습니다. 애틀랜타 기독교방송국에서 처음 추천받은 하나님나라의 사람, 바로 그 사람이었기 때문입니다.

그가 지금 미 연방 정부 회의에 참석차 워싱턴에 와 있다고 했고 안내해주시던 집사님이 만날 수 있도록 연락해줄 수 있다는 것이었습니다. 그 분에게 급히 연락을 시도해보았습니다. 연방 정부의 중요한 회의를 하는 중이었는데도 순탄하게 연락이 되었고, 흔쾌히 만날 약속도 하게 되어 결국 오후 4시에 백악관 근처 메리어트 호텔에서 그를 만나게 되었습니다. 모든 일의 연결이 신기하기만 하였습니다.

만나보니 정말 놀라운 하나님의 계획이 있는 만남이었음을 깨달았습니다. 이 분은 그저 성공한 실업인이 아니었습니다. BAM(Business

As Mission) 사역을 가장 놀랍게 이루고 있는 분이었습니다. 기업 경영을 철저히 성경 말씀과 성경적인 원리대로 하면서 미국에서 가장 탁월한 기업을 이루어낸 것입니다.

KBS 〈글로벌 성공시대〉에서 이 분에 대해 방영하였지만, 그의 경영 성공의 가장 중요한 요인인 성경적 경영원리와 하나님나라에 대한 헌신의 내용은 공영방송국 방침상 뺄 수밖에 없었다는 것도 알게 되었습니다. 저는 하나님께서 방송에서 빠진 그 부분을 한국에 전하기 원하신다는 것을 깨달았습니다.

1시간 반가량 정말 시간 가는 줄 모르고 대화하다가, 내년 BAM 컨퍼런스에 초청도 하였고 한국에 오시면 저희 교회에 오셔서 말씀을 전해달라는 부탁도 드렸습니다. 아침의 기도가 이렇게 응답된 것을 듣자 모두 놀랐습니다. 저와 부목사도, 우리 이야기를 들은 안내하시던 집사님도 매우 흥분하였습니다. 호텔로 돌아온 뒤에도 좀처럼 잠을 이룰 수 없을 정도로 한동안 흥분된 마음이 가라앉지 않았습니다.

제가 이 글을 쓰고 있는 2014년 2월 9일 주일에는, 한국에 오신 하형록 목사님이 선한목자교회에서 주일 설교를 해주셨고, 그 말씀이 교인들과 청년들에게 큰 은혜를 끼쳤습니다. 생각할수록 참으로 놀라운 하나님의 인도하심이었습니다.

주님의 초청에 응하기까지

제가 이렇게 한 사람과의 만남에 대하여 장황하게 소개하는 것은 영성일기를 쓰면서 제 삶에 정말 놀라운 일들이 많이 일어나고 있다는 사실을 말씀드리고 싶기 때문입니다. 24시간 주님을 바라볼 때, 반복되는 것 같던 일상은 신기하고 놀라운 사건들로 채워졌습니다. 주님을 바라보지 않았다면 놓치고 지나갔을 많은 일들이 놀랍게 살아난 것입니다.

신학교에 갓 입학했을 때, 주님은 제게 '나와 온전히 동행하자'라는 부름을 주셨는데, 그때 저는 그것이 너무 부담스러워 그 결단을 회피하고 말았습니다. 그런데 제가 안산광림교회 담임목사로 섬길 때 교역자 수련회 중 어느 날 주님은 저에게 다시 같은 도전을 하셨습니다.

"혼자 있을 때 나를 바라보라!"

그날 주님의 말씀을 듣고 얼마나 울었는지 모릅니다. 신학교 1학년 때로부터 25년의 세월이 흐른 후에야 비로소 주님의 그 초청이 얼마나 귀한 축복이었는지 깨달은 것입니다. 너무 어리석었고 아쉬웠던 25년이었습니다. 그 후 주님은 혼자 있을 때뿐만 아니라 24시간 주님을 바라보도록 저를 이끄셨습니다. 영성일기를 쓰게 하심으로 그 결단을 지켜갈 수 있게 해주셨습니다.

그동안 열심히 목회는 했지만 주님과 온전히 동행하지 못하는 저를 주님이 안타깝게 보셨다는 것을 깨닫고 깊이 회개했습니다.

은혜의 강줄기가 되어준 페이스북 칼럼

영성일기를 쓰면서 주님을 바라보는 삶을 도전한 지 4년, 그동안 제 믿음도 삶도 혁명적인 변화를 경험하고 있습니다. "24시간 주님을 바라보라!"는 것이 나의 노래가 되었고 제가 흔들 깃발이 되었습니다. 제가 섬기는 교회에서는 말할 것도 없고, 어디 가서나 결국 그 이야기를 하게 됩니다.

주위에서 영성일기를 쓰면서 경험한 일들을 나누어달라는 요청을 많이 받았습니다. 이미 페이스북을 통해 많은 사람들에게 하나님의 역사를 전하고 계신 김동호 목사님께서 영성일기를 통하여 얻은 유익한 경험들을 페이스북에 나누어보라고 권면해주셨는데, "매일 일기를 쓰면서 쓸 것이 없다면 말이 되겠습니까?"라고 하신 말씀이 결정적인 계기가 되어 조심스럽게 시작한 페이스북 영성일기 칼럼은 예상외의 반응을 가져왔습니다. 저도 깜짝 놀랐습니다.

많은 사람들이 저를 만나면 "목사님, 페이스북 칼럼 잘 보고 있습니다" 하고 인사를 해옵니다. 아침마다 페이스북의 칼럼을 보며 하루를 시작하는 은혜를 얻는다는 고백도 많이 듣습니다. 전 세계 도처에서 그런 사람들을 만나게 됩니다. 그러나 매일 칼럼을 쓰는 것은 엄청난 스트레스입니다. 괜히 시작했다고 후회한 적도 있고, 한 달가량 칼럼을 중단하고 저 자신을 점검해야 했던 때도 있었습니다. 마음이 아팠던 적도 꽤 있었습니다.

그러나 매일 올리는 페이스북 칼럼이 저에게 정말 놀라운 축복이었음을 고백하지 않을 수 없습니다. 영성일기와 함께 페이스북 칼럼으로 인하여 제 삶과 사역이 엄청나게 바뀌었기 때문입니다. 매일매일 삶 가운데 함께하신 주님의 역사하심과 인도하심이 얼마나 놀라운지 믿어지지 않을 정도입니다. 아마 페이스북에 매일 칼럼을 쓰지 않았다면 놓치고 말았을 것입니다. 물론 어떤 날에는 몇 번을 써도 다 못쓸 정도로 넘치는 분량의 은혜가 있던 날도 있었고, 어떤 날에는 한 줄도 쓸 수 없을 만큼 아무런 일도 없는 것 같은 적도 있었습니다.

그러나 새벽 기도회를 마치고, 사무실 책상에 앉아 잠잠히 나와 함께하신 주님을 생각하고 바라보면, 놀랍게도 쓸 내용을 부어주시는 경험을 합니다. 마치 마른 우물의 바닥을 긁어 물을 조금 얻는 것과 같았습니다. 주님을 갈망하며 생명의 물 되신 주님을 구하니 주님이 주님의 물을 주십니다. 제가 긁어 얻은 물은 고작 한 바가지에 불과하지만 여러 사람에게로 흘러가며 강줄기가 될 때가 많았음을 고백하게 됩니다.

페이스북에 칼럼을 쓰는 것만 아닌, 이제는 칼럼을 책으로 출간해 볼 것을 여러 출판사로부터 제안받았습니다. 그러나 과연 책으로 낼 가치가 있는지 확신하지 못했습니다. 그래서 이 일을 위해 기도하던 중, 지난 50여 년의 삶보다 최근 4년여의 삶이 더 놀라웠던 것은 24시간 주님을 바라보려고 했었기 때문임을 깨달았습니다.

그리고 이 은혜를 페이스북 친구들과만 나눌 것이 아니라 좀 더 많은 그리스도인들과 나누어야 할 책임이 느껴졌습니다. 특히 다음 세대들, 후배 목회자들에게 꼭 나누고 싶었습니다.

한 가지 밝혀둘 것은 이 글들은 페이스북 칼럼이지 제 영성일기는 아니라는 것입니다. 매일매일 예수님을 바라보면서 경험한 주 예수님의 놀랍고도 구체적인 인도하심에 대하여 기록한 것입니다. 그런데 책으로 내려고 하니 약간 중복되는 부분이 있습니다.

3년 가까이 칼럼을 쓰다보니 양이 많아져서 규장의 편집팀에서 책으로 담아낼 칼럼들을 가려 뽑고 정리하여 주제별로 분류해주었습니다. 감사한 마음을 전합니다. 저와 함께 증인이 된 아내와 책을 내는 일을 도와주는 큰딸 지영이에게도 감사합니다.

아쉬운 것은 책을 낼 만한 분량으로 제한하다보니 일상의 아기자기한 부분이 대부분 빠졌다는 것입니다. 이것을 아쉬워할 분들도 계실 것 같습니다. 혹시 다음 책이 나오면 그런 글들도 싣도록 검토해보려고 합니다.

끝으로 두말할 것도 없이 이 책의 내용은 전적으로 주님께서 깨닫게 하시고 회개케 하시고 인도하신 것들입니다.

"주님이 하셨습니다."

유기성

차례;

믿음이란 두려움이 없는 것입니다. 항상 기뻐하고 범사에 감사하고 원수도 사랑하는 것입니다. 이것은 기적입니다. 24시간 주 예수님을 바라볼 때 주어지는 가장 큰 축복이 믿음으로 살게 되는 것입니다.

담 벼 락 하나,

관계

주님을 바라보며 사십니까?

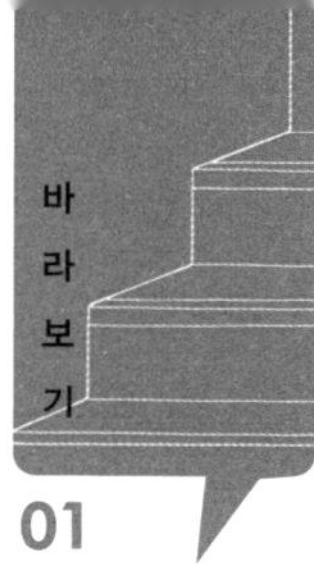

진정으로 자신을 사랑하십니까?

LOOKING UNTO JESUS

››› 오늘 새벽 기도회 때, 청소년국 이주헌 전도사가 설교를 했습니다. 설교 중에 마음 아픈 이야기를 들었습니다.

지난달 분당에서만 고등학생 2명이 자살했다고 합니다. 우리 교회에 다니는 아이들이 다니는 학교이고, 교회에서 15분 거리에 있는 학교들입니다. 고3 학생들이 방에서, 학교 화장실에서 목을 매달아 죽었습니다. 다른 이유가 아니었습니다. 기대에 못 미쳐서 죄송하다는 것입니다.

학교에서 왕따를 당하는 학생의 휴대폰을 보니 "죽어라"라는 문자가 있더랍니다.

"뛰어내려 죽어라! 목매달아 죽어라!"

이런 말을 아무렇지 않게 합니다.

제자훈련을 하면 10명 중 3명이 성(性)관계 사실을 고백한다고 합니다. 모태신앙인 청소년들의 이야기입니다. 자신 때문에 부모가 싸운다고 생각하는 아이들이 많다고 했습니다. 우리 아이들의 문제는 자존감이 무너져 내린 것입니다. 자신이 사랑스럽다고 도저히 생각하지 못하는 것입니다.

그러나 이것이 단지 아이들의 문제이겠는가 하는 생각이 듭니다. 어른들은 다릅니까?

영성일기를 쓰면서 제가 받은 복 중 하나가 제 자신을 사랑하게 된 것입니다. 이상하게 들릴지 모르지만 비로소 저를 사랑하는 눈이 뜨인 것 같습니다. 저에게 저 자신으로부터 사랑받고자 하는 갈망이 있음을 제대로 알지 못했습니다. 늘 자신에 대한 좌절감, 죄책감, 열등감에 시달렸습니다.

'나는 욕심도 많고, 믿음도 없고, 능력도 없고, 재주도 없고, 말도 제대로 못하고, 화도 잘 내고, 게으르고, 의지도 약하고, 용기도 없고, 유혹에 약하고, 기도도 안 하고, 전도도 안 하고….'

제가 저를 사랑하지 못하고 살아온 것입니다.

그런데 영성일기를 쓰면서 저를 사랑하시는 주님을 깊이 느끼게 되었습니다. 주님이 어떤 사람을 사랑하신다면 저도 그를 사랑해야 하는 것처럼, 주님이 저를 사랑하시는 것이 분명하다면 저도 저를 사랑해야 마땅할 것입니다. 이것이 제게는 너무 놀랍고, 처음에는 정말 어색한 일이었습니다.

아내는 제가 무리를 하거나 음식을 가려 먹지 않거나 감정에 휘둘리거나 신중하지 못한 언행을 하면 제게 충고합니다. 제가 듣기 불편해하더라도 어떻게 해서든지 그 말을 합니다. 그럴 때 저는 제 자신보다 아내가 저를 더 사랑한다는 생각이 듭니다.

영성일기를 쓰면서 주님이 제게 그렇게 하심을 깨닫게 되었습니다. 이런저런 일로 밤늦도록 잠을 자지 못할 때가 있습니다. 음식 조절을 못할 때도 있습니다. 화나는 일, 억울한 일을 마음에 품기도 합니다. 이럴 때 성령의 근심을 강하게 느낍니다. 그것이 죄가 되기 때문이라기보다 제게 유익하지 않기 때문입니다. 주님이 저를 저보다 더 위하심을 깨달았습니다.

제 아내나 딸들이 그렇게 하는 것을 보면 저도 말릴 것입니다. 부목사나 전도사, 간사들이 그렇게 하면 충고해줄 것입니다. 사랑하기 때문입니다.

주님은 제게 "너무 조급해하지 말라", "나만 믿고 내 안에 거하라", "꾸준히 운동하라", "기도에 더욱 힘쓰고 성경을 늘 묵상하라", "기뻐하고 감사하라", "모든 이들을 사랑만 하라", "두려워하지 말고 염려하지 말라", "나만 바라보라"고 하십니다. 모든 말씀이 "나는 너를 사랑한다"고 하시는 의미로 들립니다. 그래서 행복합니다.

처음에는 주님이 저를 왜 이렇게 사랑하시나, 혼란스럽기도 했습니다. 그러다가 제가 사랑스럽기 때문이 아니라 저를 사랑하시기로 결단하셨기 때문임을 깨달았습니다. 십자가를 보고 알았습니다. 정말 눈물이 났습니다. 주님이 원하시는 것은, 주님이 저를 정말 사랑하신다는 것을 믿고 감사하며 저도 저를 사랑하는 것이었습니다.

자기 자신에게 사랑을 받는 느낌이 얼마나 놀라운지 모릅니다. 제가 저를 사랑하기 시작하면서 제 삶에 엄청난 변화가 일어나고 있습니다. 가장 중요한 변화는 행복하다는 것입니다. 그저 이유 없이 행복합니다.

"예수님이 최고입니다! 예수님 한 분이면 충분합니다."

주님이 저를 사랑하신다는 것이 믿어지고
제가 저를 사랑하게 되니,
다른 사람들에게 사랑을 구걸하지 않게 되었습니다.
비로소 다른 사람을 사랑할 수 있게 되었습니다.
이것 역시 정말 행복한 일입니다.
놀라운 기적입니다.
다른 사람을 용서하고 사랑하려면
자신을 먼저 사랑할 수 있어야 합니다.

자신이 사랑을 갈망하고 있다는 것을 아십니까? 이기심, 열등감, 좌절감이 모두 병든 사랑입니다. 주님의 사랑을 마음 깊이 받아들일 때, 비로소 진정으로 자신을 사랑하게 됩니다.

20120926

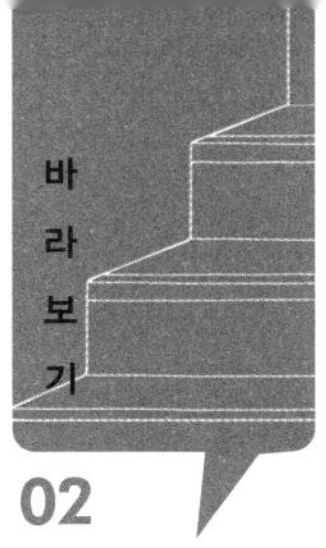

02

주님이 보시는 마음도 단장하세요

LOOKING UNTO JESUS

››› 우리는 얼굴이나 옷에 신경을 많이 씁니다. 화장 안 한 맨 얼굴을 저에게 보일 수 없다고 병원 심방도 오지 못하게 하신 여 권사님도 계셨습니다. 반면에 마음은 정말 소홀히 하고 삽니다. 옷이나 얼굴은 사람들이 보지만 마음은 누가 볼 수 없다고 생각하니 마음을 살피지 않는 것입니다.

그러나 이보다 어리석은 일은 없을 것입니다. 하나님은 우리의 마음을 보시기 때문입니다.

"… 내가 보는 것은 사람과 같지 아니하니 사람은 외모를 보거니와 나 여호와는 중심을 보느니라 하시더라"(삼상 16:7).

하나님께서 보실 당신의 마음은 잘 단장되어 있습니까? 예배드리러 교회에 올 때, 얼굴이나 옷을 살피는 정도만큼이라도 마음을 점검하십니까? 물론 악하고 더러운 생각, 살인이나 도둑질, 간음과 같은 생각을 품지는 않을 것입니다. 그러나 분노, 염려, 낙심, 비판, 다툼, 욕심, 탐식, 교만, 자랑 같은 것은 어떻습니까?

교회 사역의 규모가 커지다보니 이런저런 사역자들을 만나게 됩니다. 때론 솔직히 너무 부담스럽고 실망스러운 분들도 보게 됩니다. '언제까지 도와야 하지? 도대체 어떻게 이럴 수 있나?' 하고 마음이 상하여 모른 척 내버려두고 싶은 마음이 들기도 했습니다.

그런데 제 책을 읽고 메일을 보내오신 분 때문에 정신이 번쩍 났습니다.

"목사님, 《네가 나를 사랑하느냐》 책에서 만나는 사람이 누구든, 어떤 사람이든 사랑해주실 거라고 하셨죠? 저도 그 대열에 끼일 수 있나요? 목사님 말씀에 정말 기쁘고 감사하고 가슴이 벅차 목이 메입니다…."

이 메일을 읽고 나서 제 가슴이 쿵 하고 내려앉았습니다. 주님이 제 마음을 보시고 안타까우셔서, 이 부담스러운 메일을 제게 보내게 하신 것 같았기 때문입니다.

"주님, 제가 힘이 닿는 데까지 사람들을 돕겠습니다."

이렇게 기도했습니다.

주님은 오늘도 제 육신이 얼마나 악한지를 보여주셨습니다. 오늘 하루를 시작하며 얼굴과 옷단장을 하셨을 텐데, 우리 안에 계신 주님을 생각하며 마음을 더 단장해보시기 바랍니다. 20120707

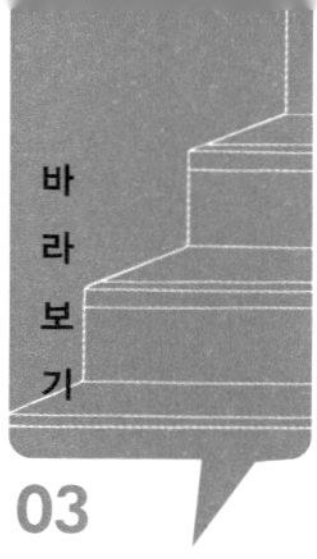

느낌에 의지하지 마십시오

LOOKING UNTO JESUS

››› 비행 시간만 17시간, 비행기를 세 번 갈아타야 하는 귀국길이었는데, 홍콩에서 한국행 비행기를 놓쳐서, 홍콩공항에서 1시간 정도 머물다 다른 비행기 편으로 입국하였습니다.

무슨 큰 어려움이 있었던 것도 아닌데 케이프타운에서 홍콩에 도착하는 비행기 안에서도, 홍콩공항에서도 마음이 분주하여 주님을 바라보는 데 어려움이 있었습니다.

공항 라운지에서 잠잠히 묵상하는데, 이런 와중에도 엄청난 주님의 은혜 안에 있음을 깨닫게 하셨습니다. 나의 마음에 점점 감사함이 넘쳤습니다. 주님은 느낌에 의지하지 말라고 하십니다. 늘 공기를 마시며 공기 안에 살면서도 공기가 존재하는 것을 느끼지 못하듯이 주님의 엄청난 은혜 안에 살지만 그것이 전혀 느껴지지 않을 수 있다고 하셨습니다.

아프리카 코스타를 다녀오면서 비행기를 참 많이 탔습니다. 비행기는 엄청나게 빨리 날지만 비행기 안에서는 그 속도감이 느껴지지 않습니다. 차라리 자전거를 타고 내리막길을 달릴 때 오히려 속도감이 느껴집니다.

코스타 국제 총무인 유임근 목사님이 지구가 회전하는 속도가 시속 10만 킬로미터라고 하면서, 이렇게 엄청난 속도로 도는데도 우리는 아무런 느낌이 없다고 한 말씀이 생각났습니다. 정말 느낌에 의존하지 말아야 하겠습니다. 우리가 얼마나 느낌에 속고 사는지 모릅니다.

코스타에서 10대 소녀인 어느 선교사님의 딸이 제게 "목사님, 죽는 것이 너무 어려운 것 같아요"라고 말했습니다. 정말 사랑스러웠습니다. 그런 질문을 하는 것 자체가 귀했습니다. 그래서 그 자매에게 말해주었습니다.

"우리가 느끼기에 죽는 것이 어려워 보이는 것이지 우리의 죽음은 이미 하나님께서 다 이루어놓으셨어. 우리가 할 일은 죽는 것이 아니라 믿는 것이지. 느끼려고 하기 전에 먼저 믿어봐."

우리는 예수님이 십자가에서 이미 다 이루어놓으신
엄청난 은혜를 받고 살면서도 현실에서는
의심하고 힘들어하고 답답해하며 살고 있습니다.
느낌에 의지하기 때문입니다.
믿음은 구원의 축복을 누리는 놀라운 하나님의 방법입니다.
속죄, 믿기만 하면 됩니다.

하나님의 자녀 됨, 믿기만 하면 됩니다.

자아의 죽음이야말로 그렇습니다.

죄를 이기는 것 역시 믿음입니다.

아프리카 코스타 개회예배 설교를 하신 이은상 목사님이, 몽골에서 살 때 몽골 사람들의 멀리 보는 능력에 놀랐다고 했습니다. 그들은 시력이 대부분 3.0 이상이라고 합니다. 항상 광활한 평원에서 멀리 보며 살기 때문이랍니다. 그들은 독수리를 훈련시켜 사냥을 합니다. 산 높은 곳에서 독수리를 띄우고는 독수리가 짐승을 낚아채면 그 짐승을 향해 뛰어가기 때문에 항상 멀리 보는 훈련이 된 것입니다.

우리도 자신의 느낌에 의지하지 않고 영적인 눈으로 주님의 은혜를 바라보는 훈련을 해야 합니다. 오늘도 24시간 주 예수님을 바라보며 사시기를 축원합니다.

20120720

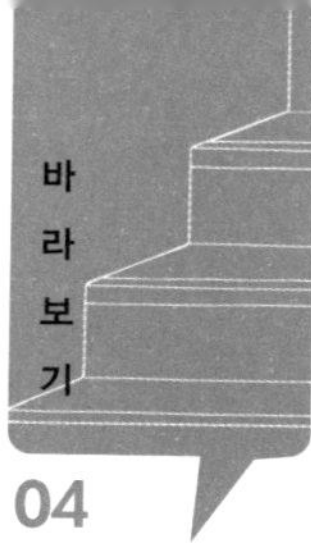

끝내 놓지 않았습니다

LOOKING UNTO JESUS

››› 2012년 〈선교 한국〉이 시작되었습니다. 수많은 청년들이 모였습니다. 저는 첫날 저녁집회에 설교를 하러 강단에 서서 그들을 축복하며 감사하다고 고백했습니다. 왜냐하면 그들이 하나님께서 한국 교회를 축복하실 이유임을 깨달았기 때문입니다.

안산동산교회 본당을 가득 메운 4,000명 가까운 청년들을 보면서, 우리와 함께하시는 예수님을 보았습니다.

"두세 사람이 내 이름으로 모인 곳에는 나도 그들 중에 있느니라" (마 18:20).

말씀을 위하여 기도하면서 엄재현 목사님이 일전에 설교 중에 인용했던 《끈》이란 책이 생각났습니다. 《끈》은 2005년 1월 산악인 박정헌 씨와 후배 최강식 씨가 해발 6,440미터 히말라야 촐라체 북벽 등반에 성공하고 하산하던 중 조난을 당하고 구조되기까지의 과정을 기록한 등반기입니다.

박정헌 씨와 최강식 씨는 산 곳곳에 위험한 곳이 많기 때문에 로프로 서로를 묶고 내려오고 있었습니다. 그런데 후배 최강식 씨가 눈으로 덮여 있던 빙벽 사이로 추락하게 됩니다. 최강식 씨가 외마디 비명을 치는 순간 앞장서고 있던 박정헌 씨는 반사적으로 몸을 땅에 붙이고 얼음을 찍어 간신히 멈추었습니다.

멈추긴 했으나 이제부터가 문제였습니다. 아무리 힘을 내어 끌어올리려 해도 최강식 씨가 좀처럼 끌려 올라오지 않았습니다. 그가 떨어질 때의 충격으로 두 발이 다 부러져 혼자서는 벽을 기어오를 수 없는 상태였기 때문입니다. 위에 있던 박정헌 씨 역시 갈비뼈가 부러졌고요.

이렇게 히말라야의 외딴 곳에서 어느 누구의 도움도 없이, 오직 둘 사이를 연결한 끈을 놓지 않은 채 삶과 죽음 사이에서 사투를 벌인 시간이 10분, 20분이 아니라 3시간이었다고 합니다.

이때 박정헌 씨에게 무슨 생각이 들었겠습니까? 거의 모든 사람이 끈을 끊어버리고 싶다는 생각을 했을 겁니다. 박정헌 씨도 '연결된 끈을 끊어버리고 싶다'는 생각이 들었다고 합니다. 하지만 그럴 수 없었습니다. 끈으로 두 사람의 몸을 묶은 그 순간, 두 사람의 생명은 하나였기 때문이었지요.

3시간의 사투 끝에 최강식 씨가 간신히 절벽을 기어올라왔습니다. 그러나 두 다리가 부러진 사람과 산을 내려가는 것 또한 만만치 않은 일이었습니다. 안경을 잃어버려 시력이 0.3밖에 안 되는 박정헌 씨에게 온 세상은 허옇게 보였고, 두 발목이 부러진 최강식 씨 역시 가까스로 기어야 했습니다.

두 사람이 그렇게 서로 의지해서 산을 내려오는 데 무려 5일이 걸렸습니다. 간신히 구조되어 극적으로 생환하였지만 너무 오랜 시간 추위에 노출되어 있었기 때문에 심한 동상이 걸린 그들의 손가락과 발가락은 이미 썩어가고 있었습니다. 결국 박정헌 씨는 여덟 손가락과 두 개의 발가락을 잘라냈고, 최강식 씨는 아홉 손가락과 발가락 대부분을 잘라냈습니다. 그렇지만 결코 서로를 버릴 수 없었습니다. 그저 살아만 있어달라고 서로 기도했습니다.

그런데 우리에게도 바로 이 끈이 있음을 알아야 합니다. 하나님과 우리를 묶고 있는 끈이 있습니다. '예수님'이 그 끈입니다.

하나님께서 말씀하십니다.

"난 절대로 널 포기할 수 없어. 독생자 예수가 십자가에서 머리에 가시관을 쓰고, 손발에 못이 박히고, 옆구리를 창으로 찔려 물과 피를 다 쏟더라도 난 널 포기할 수 없어."

때때로 이 끈을 끊어버리고 싶다는 생각을 해본 적이 있을 것입니다. 공동체로, 한 몸으로 묶여 있는 끈이 부담스러울 때도 있을 것입니다. 그러나 명심해야 합니다. 끊어버리고 싶은 끈이 실제로는 예수님이라는 사실을 말입니다.

하나님께서 교회를 징계하실 때가 있습니다. 그러나 저는 그때에도 하나님께서 하나님과 한국 교회를 묶고 있는 끈을 끊으신 적도, 끊으려고 생각하신 적도 단 한 번도 없다는 것을 믿습니다. 〈선교 한국〉이 열리는 현장에서 그것을 확신했습니다.

성도와 성도들이 이 끈으로 묶였습니다.
성도와 교회도, 교회와 교회도, 교회와 선교단체도
다 끈으로 묶여 있습니다.
예수님이 우리를 묶고 있는 끈입니다.
모든 성도는 교회와 한 몸입니다.
교회와 교회, 교회와 선교단체,
선교단체와 선교단체도 한 몸입니다.
예수님이 끈입니다.

하나님은 한 교회가 혼자서 어떤 사역을 크게 잘하는 것보다 작은 교회들이 연합하여 어떤 사역을 이루어가는 것을 기뻐하십니다. 하나님께서 〈선교 한국〉과 같은 집회를 기뻐하시는 것도 사람들이 많이 모여서가 아니라 연합하기 때문이라고 믿습니다.

좀 길어졌지만, 오늘도 성령 안에서 한 몸 됨을 힘써 지키시기를 축원합니다.

20120731

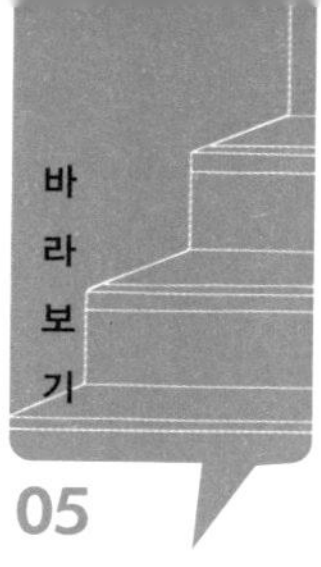

05

무엇을 묵상하십니까?

LOOKING UNTO JESUS

>>> 예배가 끝나고 한 젊은 부부가 기도해달라고 찾아오셨습니다. 아내에게 암이 생겨 7년째 치료를 하고 있는데, 최근 암이 전이되었다는 진단을 받은 것입니다. 암 환자인 아내는 물론이고 남편의 얼굴도 매우 어두웠습니다. 그동안 두려움과 염려, 분노와 낙심의 세월을 살아왔음을 알 수 있었습니다.

아내는 그동안 신앙생활을 제대로 하지 못한 것을 많이 회개했다고 했습니다. 마음이 몹시 아팠습니다. 이 젊은 여인이 무슨 죄를 그렇게 지었다는 말입니까? 여인은 암보다 더 무서운 고통을 당하고 있었습니다.

저는 기도하기 전에 마음을 지키시라고 권해드렸습니다. 암이 생겼을 때 우리 힘으로는 도저히 암을 어떻게 할 수 없지만, 마음은 전적으로 자신에게 달린 문제이기 때문입니다. 멀쩡한 사람도 암이라는 말 한마디에 순간 고꾸라집니다. 하지만 중병에 걸린 사람이라도 마음이 늘 기쁘고 감사하면 어느덧 병이 낫는 기적이 일어나기도 합니다.

몸에 암이 생기면, 하나님의 은혜는 여전히 크고 감사할 일들이 많아도 두려움과 염려, 분노와 낙심, 짜증과 우울함에 빠져버리기 쉽습니다. 24시간 암만 묵상하기 때문입니다. 24시간 암을 묵상하면 하나님이 자신의 아버지이시며, 예수님이 자신과 함께하신다는 것도 잊어버리게 됩니다. 기가 막힌 일입니다.

그래서 무엇보다 더욱 마음을 지키라고 하신 것입니다.

"모든 지킬 만한 것 중에 더욱 네 마음을 지키라 생명의 근원이 이에서 남이니라"(잠 4:23).

문제는 마음을 어떻게 지키느냐 하는 것입니다. 저는 그 부부에게 이제 암을 묵상하지 말고 마음에 계신 예수님을 24시간 생각해보라고 권했습니다. 목표는 자신이 암 환자라는 것을 잊어버릴 정도라고 했습니다.

여러분은 무엇을 묵상하며 살고 있습니까?

우리는 무엇을 묵상하느냐에 따라 엄청난 영향을 받습니다.
마음과 생각을 내버려두면 안 됩니다.
마귀가 노리는 것도 바로 우리의 마음입니다.
마귀의 목표는 문제를 묵상함으로
예수님을 바라보지 못하게 하는 것입니다.
우리의 목표는 24시간 예수님을 바라보다보니
문제가 생각나지 않게 되는 것입니다.

분명히 성경은 그렇게 될 것이라고 약속해주셨습니다.

"그리하면 모든 지각에 뛰어난 하나님의 평강이 그리스도 예수 안에서 너희 마음과 생각을 지키시리라"(빌 4:7).

주 예수님은 어려운 것을 명령하시지 않았습니다. 주 예수님을 바라보라는 것입니다. 바라보는 데 무슨 돈이 듭니까? 공부를 많이 해야 합니까? 힘이 세야 합니까? 그런데 이 간단한 명령이 삶의 온갖 문제에서 우리를 구원해내는 복음입니다.

저는 이 부부에게 기도해드린 다음 영성일기를 꼭 써보라고 권해드렸습니다. 나갈 때 두 사람의 얼굴이 참 밝고 편안했습니다. 그 짧은 시간에 주님이 그들의 눈을 열어주셨다는 것을 알았습니다.

20120903

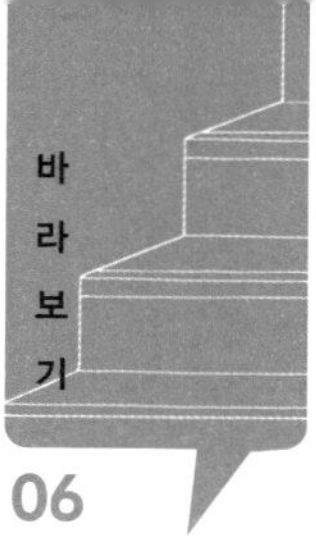

성공하고 난 다음엔 늦습니다

LOOKING UNTO JESUS

›››   지난주부터 연속하여 예비역 기독군인(대부분 장성이나 고급 장교 출신들), 검사, 판사, 변호사들 모임에 참석하여 말씀을 전했습니다. 세상적으로 볼 때 그들은 성공한 사람들이거나 과거에 성공을 거두었던 사람들이었습니다.

이 모임을 위해 주님이 주신 말씀이 있었습니다. 그것은 성공은 준비가 먼저 필요하다는 것입니다. 그 준비는 항상 함께하시는 주님을 바라보는 눈이 뜨이는 것입니다. 성공은 산의 정상과 같아서 오래 누리지 못합니다. 순간에 지나갑니다.

성공하고 난 다음에 주님의 임재를 훈련하기는 어렵습니다. 너무 바쁩니다. 게다가 성공에 취하여 정신을 차리기 어렵습니다. 그래서 대부분 성공을 자신의 유익을 위한 기회로 사용하다가 어느덧 정상에서 내려오게 됩니다.

따라서 준비되지 못한 자는 성공하고 망합니다. 남는 것은 두려움

뿐입니다. 하나님 앞에 서는 순간이 두려운 것입니다. 하나님께서는 많이 맡긴 자에게 많은 것을 요구하십니다. 하나님께서 병장 출신과 사단장 출신에게 군(軍) 문제에 대해 물으시는 것이 다릅니다. 일반인과 법관 또는 검사에게 사회정의에 대하여 물으시는 것이 다릅니다.

많은 사람이 성공한 그때 그 시절, 하나님을 위하여 제대로 충성하지 못했음을 깨닫고 후회하고 괴로워합니다. 많은 사람이 성공을 꿈꾸며 열심히 노력하고 기도합니다. 그러나 성공을 위하여 자신이 얼마나 준비되었는지는 살피지 않습니다. 우리가 정말 준비해야 할 것은 주님의 임재 가운데 사는 훈련입니다.

《나는 죽고 예수로 사는 사람》 책이 출간되었을 때, 저는 예상치 못한 일로 당황했습니다. 제가 한순간에 유명한 목사가 되어 있었습니다. 십자가 복음을 풀어 쓴 것뿐인데 제가 덩달아 유명해졌습니다. 그로 인하여 한동안 영적인 어려움을 많이 겪었습니다. 이번에 《네가 나를 사랑하느냐》라는 책을 내고 주님만 더욱 바라보려는 것 또한 그 까닭입니다. 유명해지고 성공하는 것은 두려운 일입니다. 준비된 자가 아니면 성공하고 망합니다.

금송아지 사건 후 하나님은 출애굽기 33장에서 이스라엘 백성들에게 "이제 시내 광야를 떠나 가나안 땅으로 올라가라!"고 말씀하십니다. 이스라엘 백성들이 그토록 원하는 것을 이루어주시겠다는 말씀인데, 모세도 이스라엘 백성들도 절망하고 두려워하였습니다.

왜냐하면 하나님께서 함께 올라가지 않겠다고 말씀하셨기 때문이었습니다. 하나님께서 이 백성들과 더 이상 함께하다가는 그들을 멸할지도 모르겠다는 것입니다. 하나님이 함께하지 않으시는 성공도 있습니다. 그러나 그것은 성공이 아니라 망하는 것입니다. 우리는 살아계신 예수님과 친밀히 동행하는 삶을 먼저 훈련받아야 합니다.

Walking with Jesus.
Keeping Jesus in mind at all times.

성공이 오기 전에 준비해야 합니다. 주님의 임재를 아는 자에게는 더 이상 성공 실패도 없습니다. 중요하게 생각되지 않기 때문입니다. 모든 상황이 다 감사하고 중요하며 어떤 형편에도 처할 수 있는 법을 배우게 됩니다.

오직 예수님 한 분이면 충분합니다.

20120613

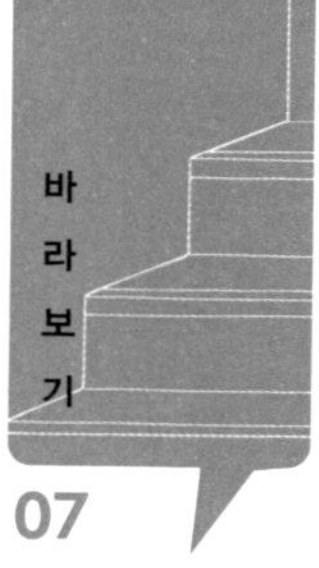

07

사람을 품는 자가 되십시오

LOOKING UNTO JESUS

››› 딸들은 이따금 제가 정신없이 웃는 모습이나 잠옷을 입고 졸린 표정으로 하품을 하는 모습을 휴대폰 카메라로 찍은 다음 “아빠, 이 사진, 내 페이스북에 올릴까?” 하며 은근히 협박합니다. 제가 무슨 말을 하면 “아빠가 이러는 모습, 교인들은 모를 거야. 알면 기절초풍할걸” 하기도 합니다.

교회에서도 저를 계속 보다보니 집에서의 제 모습이 신기한 모양입니다. 그렇다고 제가 이중적인 사람은 아닙니다. 그저 제 아내나 딸들과 함께 있으면 평가받고 판단받을 긴장이 없이 풀어지면서 편안하게 말하고 행동할 뿐입니다. 그래서 가족이 좋은 모양입니다.

누구를 바라보고 있느냐 하는 것은 행동에 결정적인 영향을 미칩니다. 항상 예수님을 바라보며 살다보니 사람들을 대하는 태도가 달라짐을 깨닫습니다. 주님의 눈으로 보게 되면서 다른 사람을 섣불리 판단하지 않게 되었습니다.

제게 늘 부담스런 중국 속담이 있었습니다. 중국 고서, 한서 동방삭

전에 나온다는 "물이 너무 맑으면 고기가 없다"는 말입니다.

얼핏 생각하면 너무 깨끗하게 살지 말고 적당하게 죄를 지으라는 식으로 들립니다. 실제로 이 속담을 그런 뜻으로 이해하는 이들이 많습니다. 누가 일을 올바르게 처리하려고 하면 "너무 그렇게 깐깐하게 굴지 말게" 하면서 이 속담을 인용합니다.

그런데 이 속담의 의미는 너무 원리 원칙만 따지면 친구가 떠나고 계산이 정확하면 인정이 메마르니 어수룩한 구석도 있고 간혹 알고도 속아주는 아량이 있어야 한다는 것입니다.

제게 이 속담이 부담스러운 것은 아마 제 성품이 유난히 까다롭고 자기 의가 강하여, 제 자신에 대한 기준도 높지만 다른 사람들도 그런 기준으로 판단하려는 성향 때문일 것입니다.

저는 이번 추석 명절을 가족 친지들과 함께 지내면서 집은 결코 맑은 물이 아님을 깨달았습니다. 그렇다고 집이 더러운 물이라는 뜻은 아닙니다. 집은 길가나 사무실이나 회의실 같지 않다는 말입니다. 사람들의 까다로운 판단과 비난의 눈을 피할 수 있는 은신처라는 뜻입니다.

주님께서는 계속 저에게 다른 사람을 비판하지 말라고 하십니다. 저에게는 언제나 죄에서 떠나라 하시면서도 다른 사람들에 대해서는 까다롭게 하지 말라, 받아주라, 품어주라 하시니 처음에는 힘들었습니다. 그러나 그것이 저를 위한 것임을 나중에 알았습니다.

"비판을 받지 아니하려거든 비판하지 말라 너희가 비판하는 그 비판으로 너희가 비판을 받을 것이요 너희가 헤아리는 그 헤아림으로 너희가 헤아림을 받을 것이니라"(마 7:1,2).

"형제들아 서로 비방하지 말라… 입법자와 재판관은 오직 한 분이시니… 너는 누구이기에 이웃을 판단하느냐"(약 4:11,12).

다른 사람을 품어주는 것이 자신이 사는 길이었습니다. 어떤 사람을 까다롭게 대하고 나면 주님과의 관계가 힘들어짐을 느낍니다. 주님을 계속 바라보고 있으면 다른 사람들을 품어주게 됩니다.

성령집회 때 소개한 예화가 교회 안에서 유행어가 되었습니다.

"목사님, 4×7=27입니다."

옛날에 '고집 센 사람'과 '똑똑한 사람'이 있었습니다. 둘 사이에 다툼이 일어났는데 다툼의 이유인즉, 고집 센 사람은 "4×7=27"이라 주장하고 똑똑한 사람은 "4×7=28"이라 주장했습니다.

이 다툼이 가당키나 한 이야기입니까? 답답한 나머지 똑똑한 사람이 고을 원님께 가자고 말했고, 그 둘은 원님께 찾아가 시비를 가려줄 것을 요청했습니다.

고을 원님이 한심스럽다는 표정으로 둘을 쳐다본 다음 고집 센 사람에게 말했습니다.

"네가 4×7=27이라 말했느냐?"

"네, 당연한 사실을 당연하게 말했는데 글쎄 이놈이 28이라고 우기지 뭡니까?"

그러자 고을 원님은 다음과 같이 말했습니다.

"27이라 답한 놈은 풀어주고, 28이라 답한 놈은 곤장을 열 대 쳐라!"

고집 센 사람이 똑똑한 사람을 놀리며 그 자리를 떠났고 똑똑한 사람은 억울하게 곤장을 맞게 되었습니다. 이번에는 똑똑한 사람이 원님께 억울하다고 하소연했습니다.

그러자 원님이 이렇게 대답했습니다.

"4×7=27이라고 우기는 그런 놈이랑 싸운 네놈이 더 어리석은 놈이다. 내 너를 매우 쳐서 지혜를 깨치게 하려 한다."

예수님을 바라보면 사람을 대하는 생각이 달라집니다.

"이는 내 생각이 너희의 생각과 다르며 내 길은 너희의 길과 다름이니라 여호와의 말씀이니라"(사 55:8).

우리가 하나님 앞에 가서 "왜 '4×7=27'이라는 사람과 싸웠느냐?"고 물으실 때 뭐라고 대답하실 겁니까? "하나님, 4×7=28이잖아요?"라고 한다면 곤장을 열 대 맞을지 모릅니다.

지금이라도 바로 깨달읍시다!

20121002

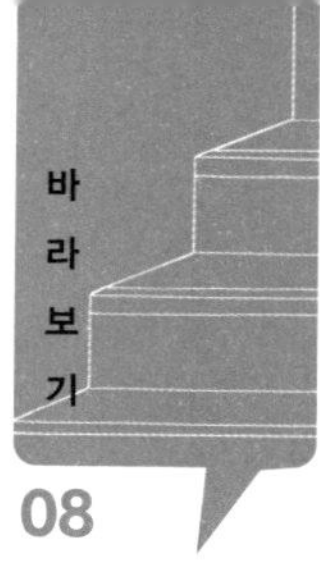

08

마음을 열고 삽시다

LOOKING UNTO JESUS

››› 주일에 "마음을 활짝 열고 삽시다"라는 제목으로 설교를 하였습니다. 설교 후에 한 젊은 여성도가 심각한 얼굴로 제게 다가와 짧은 상담을 청했습니다.

그녀에게는 믿지 않는 시어머니가 계신데, 솔직한 심정으로 시어머니를 뵙는 것이 불편하다는 것입니다. 시어머니이기에 억지로 만나러 가기는 하지만 솔직히 마음에는 싫다고 하였습니다. 그런데 어떻게 마음을 열고 살 수 있느냐고 물어왔습니다.

저는 제가 설교를 잘하지 못하였음을 깨닫고 그 분에게 미안했습니다. 그 분은 설교를 듣고도 마음을 열라는 것을 오해하고 있었습니다. 마음을 열지 않으면 그 분은 시어머니를 싫어하는 마음을 계속 품게 됩니다. 시어머니가 며느리의 마음을 알 도리가 없으니 겉으로는 서로 문제가 없을 것입니다. 그러나 이런 관계는 누구나 겪어보았겠지만 계속 불편한 관계요 애매한 관계입니다.

마음을 열라는 것은 마음을 열어야겠기에 시어머니를 싫어하는 마음을 정리해야 한다는 뜻입니다. 시어머니를 뵈러 갈 때마다 며느리는 자신의 마음을 살펴보아야 합니다. 시어머니에 대한 원망과 미움이 있다면 해결하고 시어머니에게 가야 합니다. 이제 시어머니에게 가면 마음을 열 것이기 때문입니다.

그러므로 '나는 죽고 예수로 사는' 믿음을 분명히 해야 하는 것입니다. 그러면 반드시 시어머니를 향한 예수님의 마음을 품게 됩니다. 이렇게 마음을 정리한 다음 시어머니에게 가서 사랑한다고 고백하는 것입니다. 예수님이 시어머니를 정말 사랑한다고 전해드리는 것입니다.

이것은 마음을 감추고 입으로 거짓말하는 것과는 다릅니다. 우리가 이렇게 항상 마음을 열고 살면 주님은 우리를 통하여 놀라운 일을 하시게 됩니다. 하지만 우리가 마음을 열려고 하지 않으면 결코 이런 일이 일어나지 않습니다.

어제 교회에서 장로님들과 회의를 하며 몹시 화가 나는 일이 있었습니다. 집에 돌아와서도 그 마음을 추스르기가 힘들었습니다. 아무 생각도 하기 싫어서 잠자리에 들었습니다. 잠 속에 푹 빠져들어 복잡한 생각, 화난 생각을 잊어버리고 싶었습니다. 그러나 도무지 깊은 잠이 들지 않고 자주 깨었습니다.

내가 왜 이런가 하고 생각해보니, 제 마음에 주님에 대한 원망이 있었습니다. 주님의 명령대로 어떻게 해서든지 '성령의 하나 되게 하심'을 힘써 지키려 하는데 왜 이리 힘이 드느냐 말입니다. 그러나 이 마음을 주님께 열려면 정리가 필요함을 깨달았습니다. 그래서 새벽에 일어나 기도했습니다. 기도라기보다는 주님 안에 거하였습니다. 아무 생각 없이 그저 주님만 불렀습니다. 놀랍게도 주님은 제게 평안을 주셨습니다. 격동하는 마음이 가라앉고 이 일을 통하여 주님이 하실 일이 있을 것을 믿게 해주셨습니다. 다시 찬양과 감사가 제 마음에 일어났습니다.

마음을 열고 사는 것은 마음속에 있는 더럽고 악하고 미련한 생각을 그대로 드러내라는 것이 아니라 마음을 열고 살아야 하기에 매 순간 마음을 정리하고 살라는 것입니다.

20121008

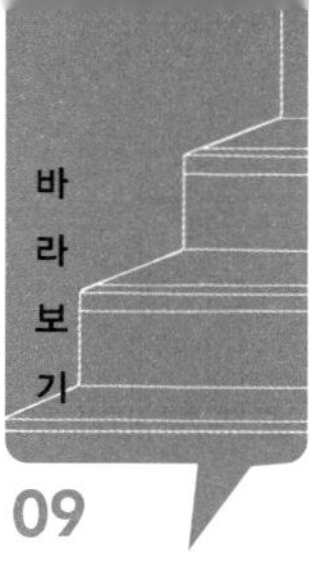

09

빛으로 더욱 나아가십시오

L O O K I N G U N T O J E S U S

››› 많은 성도들이 예수님을 24시간 바라보며 사는 것이 힘들다고 여기는 것은 예수님이 빛이시기 때문일 것입니다.

한번은 독일 다름슈타트에 있는 바실레아 슐링크 여사(M. Basilea Schlink)가 이끄는 가나안 공동체를 방문했던 적이 있는데, 거기서 인상 깊은 경험을 했습니다. 그곳에서는 매일 저녁 '빛 가운데 교제' 시간을 가지고 있었습니다.

'빛 가운데 교제'란 하루 동안 지내면서 서로에 대해 본 것을 말해줌으로써 본인이 미처 깨닫지 못한 자신의 모습을 깨닫게 해주는 시간입니다.

"웬일로 온종일 얼굴을 찌푸리고 계셨어요?"

"그때 벌컥 화를 내시던 모습을 보고 마음이 아팠어요."

아름답고 좋았던 모습도, 추하고 악했던 모습도 이렇게 다 말해줍니다. 서로에게 빛이 되어주는 것이지요. 제가 왜 이렇게 하느냐고 물었더니, 혹시 하루를 보내면서 자기도 모르게 어떤 잘못을 한 것이 있다면 하나님 앞에 회개하도록 도와주기 위해서라고 합니다. 그들은 그 일을 서로를 향한 놀라운 사랑 가운데 행했습니다. 상대가 하나님의 은혜 안에 늘 거하도록 도와주려고 그렇게 하고 있었습니다.

저는 그 나눔을 보며 '우리가 교회에서 나누는 교제는 어둠 속의 교제구나' 하는 생각을 하게 되었습니다. 우리는 그런 공동체 생활을 할 엄두를 내지 못합니다. 자신을 다 드러내고 싶어 하지 않기 때문입니다. 그래서 서로에 대해 본 것도 다 말해주지 않습니다. 그러면서 오히려 다른 사람에게 그 사람에 대해 말합니다.

우리가 교회 안에서 가나안 공동체와 같은 주님의 임재를 깊이 느끼지 못하는 이유를 알 것 같았습니다.

사람은 본성적으로 어둠을 더 좋아합니다. 빛이 비칠 때 "와" 하고 빛으로 나아가는 사람도 있지만, "악" 하고 더 깊은 어둠 속으로 숨는 사람도 있습니다. 여러분의 반응은 어떨 것 같습니까?

선악과를 먹은 아담은 하나님 앞에서 "악" 하고 숨었습니다. 바리새인들이 예수님을 싫어하고 죽이려고 한 것도 예수님과 함께 있으면 그들의 중심이 드러났기 때문이었습니다. 얼마나 싫었겠습니까?

그러나 예수님을 믿는다 해도 아직 빛보다는 어둠에 더 익숙한 사람들이 많습니다. 속까지 다 드러나는 것이 두려울 뿐만 아니라 은밀히 행하는 것도 포기하기 싫은 것입니다.

하지만 드러나야 할 것은 지금 드러나야 합니다.

죄가 없다면 모르겠지만, 그 실상을 감추어서는
문제가 해결되지 않습니다.
죄가 드러나는 것이 복입니다.
생명 얻는 회개를 가져다주기 때문입니다.
숨고 피하면 정말 두려운 날이 임합니다.

1984년, 저는 광주통합병원 수술실에서 다리를 절게 되는 절망적인 순간에 예수님을 만났습니다. 그때 저는 저의 모든 죄를 다 보았습니다. 겉으로는 착하고 모범생이었지만, 속으로는 어떤 죄인보다 더 더럽고 추한 제 자신을 보았습니다. 그 순간 저는 너무 비참하고 너무 슬펐습니다.

그런데 이상하게도 마음 한쪽에서 말로 표현할 수 없는 평안이 일어나는 것을 느꼈습니다.

'그래, 이것이 나의 진짜 모습이었어! 있는 그대로 하나님께 다 고백하자! 이제부터 새롭게 사는 거야!'

그러면서 울며 회개하고 또 회개했습니다. 너무나 감격스러워서 계속 울었습니다.

한 남자 성도님이 제게 서약서를 보내오셨습니다. 거기에는 이렇게 쓰여 있었습니다.

"저는 하나님의 은혜 안에 살면서도 술을 끊으라는 하나님의 말씀에 계속 불순종하며 죄책감 속에 살았습니다. 그러나 하나님은 제게 분명한 말씀을 주셨습니다.

"너희는 너희가 하나님의 성전인 것과 하나님의 성령이 너희 안에 계시는 것을 알지 못하느냐 누구든지 하나님의 성전을 더럽히면 하나님이 그 사람을 멸하시리라 하나님의 성전은 거룩하니 너희도 그러하니라"(고전 3:16,17).

저는 이제 하나님께 순종하려고 합니다. 그래서 그동안 막혔던 하나님과의 관계를 회복하고 축복의 문이 열리기를 원합니다.

새벽 기도회 때 저는 거룩하신 하나님 앞에 서원했습니다. 그러나 저는 하나님 앞에서만 서원할 것이 아니라 사람들에게도 이 사실을 알려서 꼭 승리하기 원합니다. 저를 위해 기도해주십시오. 저의 간증에 증인이 되어주십시오. 유혹이 올 때마다 이것을 보면서 이기려고 이 서약서를 보냅니다. 사인을 부탁합니다."

주님이 보여주시지 않으면 볼 수 없는 것이 많습니다. 보지 못하기에 버리지 못하고 떠나지 못하는 것입니다. 그러나 생명의 빛이신 예수님 안에서 사는 사람은 결코 "내 죄! 내 죄!" 하며 살지 않습니다. 빛 가운데서 죄를 깨닫는 동시에 죄인인 자신에게 부어주시는 폭포수 같은 하나님의 사랑을 깨닫기 때문입니다. 그러므로 기쁨과 사랑이 충만한 밝은 사람이 됩니다. 이 세상에서도 천국의 삶을 사는 것입니다.

오늘도 빛이신 예수님을 바라보며 빛 가운데 사시기를 축복합니다.

20121024

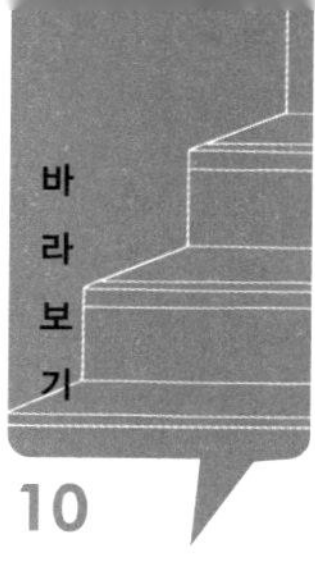

10

하나님의 보호 아래 사는 복

LOOKING UNTO JESUS

››› 설교 말씀을 준비하면서 마음에 애통함이 계속 일어났습니다. 그리고 배교자에 대한 말씀을 보며 이런 궁금증이 생겼습니다.

'하나님께서 왜 배교자를 지켜주시지 않았지?'

그런데 말씀 기도를 하면서 하나님께서 지켜주지 않으신 것이 아니라 지켜주지 못하신 것임을 깨달았습니다. 순종하지 않으면 하나님이 보호하실 수 없다는 것입니다.

아담과 하와는 에덴동산에서 하나님의 보호와 자유를 누렸습니다. 그러나 그들은 그것이 얼마나 큰 축복인지 몰랐습니다. 그래서 그들은 하나님의 보호하심을 스스로 벗어버렸습니다. 선악과를 따 먹은 것입니다. 아담과 하와가 하나님의 말씀에 불순종하는 순간, 그들이 누린 귀한 자유와 보호를 잃어버렸습니다.

24시간 예수님을 바라보면서 일상적인 불순종이 얼마나 심각한 죄인지 비로소 깨닫게 되었습니다. 흔히 '죄' 하면 음란과 간음, 도적질,

거짓말, 욕심, 다툼, 시기, 질투 등을 떠올립니다. 그러나 아담이 지은 죄는 그와 같은 죄가 아니었습니다. 그저 선악과를 따 먹은 것뿐이었습니다. 그것이 그렇게 심각한 죄입니까?

그렇습니다. 불순종, 그것이 하나님의 보호하심을 잃어버리게 한 것입니다. 하나님은 마귀와 심판으로부터 우리를 능히 지키고 보호하실 수 있지만, 우리 마음이 하나님께 불순종하는 경우에는 어떻게 하실 수 없습니다. 하나님이 능력이 없으셔서 롯의 아내를 구원하지 못하신 것이 아닙니다. 우리는 불순종이 얼마나 큰 죄인지를 알아야 합니다.

"당신은 하나님께 완전히 순종하는 사람입니까?"

이 질문에 많은 사람이 자신이 없다고 합니다. 그것은 순종이 어려워서라기보다 '마음'의 문제입니다.

사람의 본성이 마음이 굳고 완악하다는 증거 중 하나가 '순종은 어려운 일이고 불순종은 자유를 얻는 것'이라 생각한다는 것입니다. 거짓 진리에 속고 있는 것입니다. 이것은 부모가 되어 자녀를 대할 때 금방 깨닫게 됩니다. 자녀가 이런 생각을 하면 걱정스럽습니다. 완전히 거꾸로 알고 있기 때문입니다.

'순종'이나 '권위'는 우리에게 인기 있는 단어가 아닙니다. 독재정권의 기억, 권위적인 공직 사회와 직장 문화, 가정에서의 권위적인 부모 등 권위에 대한 불쾌한 경험은 많습니다. 그래서 종종 "나는 권위를 인정하지 않는다"라고 말합니다.

사춘기 자녀들은 부모와 선생님과 어른들에게 반항합니다. 어른들은 "내가 수긍할 수 있어야 권위에 복종하겠다"라고 말합니다. 교인들은 "나는 하나님께는 순종하지만 사람에게는 순종하지 않는다"라고 말합니다. 사회 풍조 역시 권위를 노골적으로 부정하고 조롱하고 거역합니다. 권위에 도전하면 사람들에게 인기가 있습니다. 매력적으로 보입니다. 자유를 주는 것처럼 보입니다.

그러나 진리는 무엇입니까?

"순종은 편하고 쉽고 안전하고 자유롭습니다. 불순종은 무섭고 좌절되고 고통스럽습니다."

그러나 우리는 여전히 가정과 학교와 직장과 교회에서 권위에 대한 복종의 문제에 어려움을 겪습니다. 순종하는 것을 부담스러워합니다. 거부감을 느끼고 싫어합니다. 이것이 우리가 영적으로 완고하다는 증거입니다.

반항, 불복종, 거역은 다 같은 영적 뿌리에서 나온다는 것을 알아야 합니다. 타락한 천사들이 하나님을 거역했습니다. 사탄은 우리를 자유케 하는 것이 속박인 것처럼 보이게 하고 반대로 우리를 속박하는 것이 매력 있고 자유로워 보이게 만듭니다. 아담과 하와가 불순종으로 인해 하나님의 보호하심을 잃어버린 순간, 그들이 그토록 벗어버리려고 했던 보호가 필요함을 깨달았습니다. 그래서 덮을 것을 찾았고, 동산 나무 사이에 숨었습니다.

직장생활이 힘들어서 사직한 분이 있습니다. 막무가내인 윗사람에게 복종하기가 너무 힘들었기 때문입니다. 그러나 그는 곧 어려운 현실에 부딪혔습니다. 먹고살기가 어려워지자 새로운 직장을 찾았지만 쉽지 않았던 것입니다. 권위에 복종하기 싫어서 사표를 썼지만 이번에 또다시 새로운 권위 아래 들어가기 위해 여기저기에 넣을 이력서를 들고 다니고 있습니다.

"요 며칠 날씨가 무척 추워졌습니다. 회사를 그만두고 나니 더 추운 것 같습니다. 겨울이 오는 것이 너무 싫습니다."

한번은 교회를 옮기기 원하는 어떤 인턴 전도사님이 제게 상담을 요청한 일이 있습니다. 그는 자신이 다니는 교회의 담임목사님과 교회 장로님들의 횡포에 격분하고 있었습니다. 그 전도사님과 성경을 같이 읽었습니다. 사무엘과 엘리 제사장 그리고 홉니와 비느하스를 보았고, 요셉에 대한 말씀을 읽었습니다.

그리고 제가 그 분에게 말했습니다.

"아마 하나님께서 전도사님에게 순종의 훈련을 시키고 계신지도 모르겠습니다!"

하나님께서 우리에게 순종을 훈련시키는 것은 우리를 보호하시기 위해서입니다. 하나님의 보호 아래 사는 복은 하나님의 권위 아래 사는 사람이 누리는 복임을 알아야 합니다.

기도의 사도인 존 하이드(John Hyde) 선교사는 말했습니다.

“저는 ‘순종’이라는 말만 알 뿐, 다른 말은 하나도 모릅니다. 저는 군인이 목숨을 걸고 상관의 명령에 복종하는 것처럼 예수 그리스도의 명령에 순종할 따름입니다. 주님의 명령에 순종하지 않는 사람은 주님의 얼굴을 뵐 것이라 기대할 수 없을 것입니다.”

일상생활이 늘 반복적이라 지루하신 분이 계십니까? 매 순간 주님을 바라보다보면, 어느새 주님께 순종하는 홍미로운 일로 삶이 가득 차 있음을 깨닫게 될 것입니다.

20121025

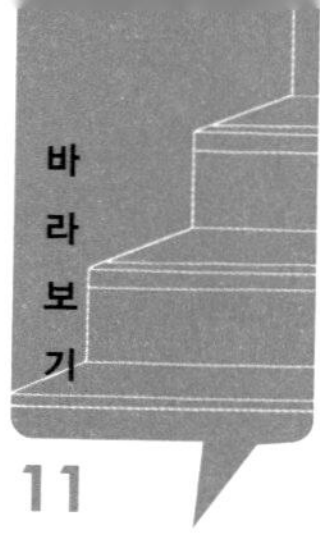

잘못된 권위에 대한 순종

LOOKING UNTO JESUS

››› 페이스북에 올린 글에 고통스런 댓글이 달려 있었습니다.

"잘못된 권위에도 순종해야 하는 건가요?"

이미 이에 대해 글을 쓰긴 했으나 조금 더 설명을 하겠습니다. 오해하지 말아야 할 것은, 성경이 권위자의 명령이라고 해서 모든 명령을 다 그대로 따르라고 하지는 않았다는 것입니다. 하나님의 뜻과 반대로 하는 일에는 순종할 수 없습니다.

다니엘의 세 친구는 바벨론의 느부갓네살 왕의 명령대로 금 신상에 절하지는 않았습니다. 그러나 느부갓네살 왕에게 왕의 예우를 갖추었습니다. "이 한심한 양반아, 우리는 절대 당신 말대로 못해!" 하지 않았다는 말입니다. 다윗 또한 사울 왕이 시기심으로 자신을 죽이려 할 때 도망쳤지만, 하나님이 사울을 심판하시기까지 사울 왕의 권위를 인정하여 그에게 손을 대지 않았습니다.

예수님은 재판을 받으실 때, 죄 없이 십자가에 죽으셨지만 제자들에게 유대교에 반역하라고 말씀하지 않으셨습니다. 제자들이 산헤드린 공회에서 매를 맞고 예수에 대해 전하지 말라는 명령을 들었지만 그대로 순종하지는 않았습니다. 그러나 산헤드린 공회의 권위를 무시하는 태도를 갖지는 않았습니다.

하나님께서 우리에게 순종 훈련을 시키실 때, 사람을 통해서 하실 수 있음을 알아야 합니다. 물론 우리가 주님으로부터 직접 순종의 훈련을 받을 수 있지만, 한동안 사람을 통해 이 훈련을 받습니다.

저도 존경하는 목사님으로부터 공개 책망을 받아보았고, 공적인 회의 석상에서 억울하게 비난도 받아보았습니다. 중요한 연합 집회 때 다른 목사님의 조크거리가 되는 망신을 당하기도 했습니다. 그러나 그때마다 주님은 제게 "아무 말도 하지 말라!"고 하셨습니다. 그리고 그때 말을 하지 않았기에 지금 제가 여기 있다는 생각이 듭니다. 제 마음에 일어나는 대로 말을 했으면 제 삶은 달라졌을 것입니다.

성경은 우리에게 주께 하듯이 권위자를 대하라고 말씀하십니다.

"아내들이여 자기 남편에게 복종하기를 주께 하듯 하라"(엡 5:22).

"기쁜 마음으로 섬기기를 주께 하듯 하고 사람들에게 하듯 하지 말라"(엡 6:7).

"무슨 일을 하든지 마음을 다하여 주께 하듯 하고 사람에게 하듯 하지 말라"(골 3:23).

한번은 예비 신랑 신부가 결혼 주례를 부탁하러 왔기에, 제가 신부에게 이렇게 물었습니다.

"결혼하면 남편에게 복종해야 하는 것을 아나요?"

그런데 예비 신부가 정말 난감해하며 "몰랐다"고 답했습니다.

사람은 누구나 불완전합니다.
따라서 사람에게 순종한다는 것은 대단히 어려운 일입니다.
흠이 보일까 봐 겉으로 순종하는 척하기 쉽습니다.
그러나 이것을 통해 자신의 악이 드러나게 됩니다.
판단하는 죄가 드러나고
거역하고자 하는 마음이 드러납니다.
자기 마음대로 하고자 하는 욕망이 드러납니다.
따라서 옳고 그른 것을 판단하기 전에 이것부터 다스려야 합니다.

우리는 자신이 다음 차원의 사역을 할 준비가 되었다고 철석같이 믿을 때 자신 있게 외칩니다.

"저는 주님이 부르신 사역을 할 준비가 되었습니다. 맡겨만 주십시오."

하지만 주위에 있는 성도들은 그 사람이 깨지려면 아직 멀었다는 것을 압니다. 아니나 다를까, 어느새 그 사람은 또다시 자기 권리를 찾기 위해 발길질하고 몸부림을 칩니다. 그래서 하나님은 주위의 사람들, 비인격적이고 미성숙한 지도자를 통해서 우리를 훈련시키십니다. 그러므로 우리는 자신의 태도가 불순종하고 싶은 마음, 권위를 부정하고 싶은 마음에서 나온 것은 아닌지 점검해보아야 합니다.

정연희 시인의 〈원수를 사랑하라〉는 시가 있습니다.

원수를 사랑하라 원수를 사랑하여라
무슨 말씀입니까, 이 무슨 말씀입니까
내게는 그리도 엄격하시면서
어찌 내 원수에게 그리 관대하십니까
보아라, 나와 함께하는 것아
네가 원수와 똑같은 얼굴이 되는 것을
나는 참을 수가 없구나

악한 자로 인해 괴로워하고 원망하는 여러분은 정말 그 사람과 다릅니까? 혹시 그와 같은 얼굴이 되어가고 있지는 않습니까?

20121026

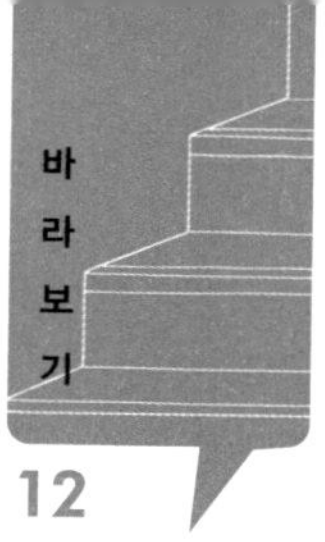

당신은 순종파입니까?

LOOKING UNTO JESUS

››› 순종에 대한 마음을 페이스북에 글로 올린 지 3일째입니다. 애초에 페이스북에는 주님을 바라보며 깨닫게 된 것들을 올리려 했던 것이기에 글이 지극히 주관적일 수 있어서 혹 페이스북 친구들의 찬성과 반대에 부딪치게 되더라도 자유로워지려 했지만, 주님이 계속 제 생각을 이끄시는 것 같아 한 번 더 글을 씁니다.

순종에 대해 논란이 생기는 것은 아마 우리의 본성상 순종이 어렵기 때문인 듯합니다. 또한 이것은 하나님이 우리의 순종을 중요하게 여기시는 이유이기도 한 것 같습니다.

그러나 분명한 것은 순종의 훈련이 악을 용납하라는 식으로 왜곡되어서는 안 된다는 것입니다. 악은 제거되어야 하는 것이 하나님의 뜻입니다. 하나님께서 욥을 그렇게 자랑하신 것도 욥이 "온전하고 정직하여 하나님을 경외하며 악에서 떠난 자"(욥 1:1)였기 때문입니다.

악인을 심판하고 멸하시는 분은 '하나님'이십니다. 하나님이 친히

이 세상에서 악을 제거하시고 악한 자를 멸하실 것입니다. 그러나 예수 그리스도께서 오심으로 이미 이 땅에 하나님나라는 시작되었습니다. 문제는 하나님께서 누구를 통하여 이 일을 하시느냐 하는 것입니다.

하나님께만 순종하는 자가 가장 개혁적인 사람입니다. 예수께서는 제자들에게 "너희는 세상의 빛이라, 소금이라" 하셨습니다. 제자들이 세상에 있어서 개혁 세력이라는 말입니다. 하나님께 순종하기 위해 불의한 이익을 거부하고 거짓말하지 않는 사람만 되어도 엄청난 개혁 세력이 아닐 수 없습니다.

우리의 문제는, 악한 자에 대해 분노하면서 우리 자신도 똑같이 악하다는 것입니다. 개혁한다고 하면서 잘못하면 또 다른 악한 자가 악한 자를 제거하는 셈입니다. 제거해야 한다고 여기는 악한 자의 악이 우리에게도 있기 때문입니다. 그러면서 다른 사람을 악하다고 비난했으니 도리어 더 악한 것이지요.

"어찌하여 형제의 눈 속에 있는 티는 보고 네 눈 속에 있는 들보는 깨닫지 못하느냐"(마 7:3).

"그러므로 남을 판단하는 사람아, 누구를 막론하고 네가 핑계하지 못할 것은 남을 판단하는 것으로 네가 너를 정죄함이니 판단하는 네가 같은 일을 행함이니라"(롬 2:1).

자신의 자존심과 교만과 판단, 욕심과 죽지 않은 자아를 가진 채 세상의 악을 제거하려 나서니, 얼마나 혼란스럽겠습니까? 지금 우리가 보는 사회와 정치와 역사에 얼마나 많은 증거가 있습니까?

"사람이 성내는 것이 하나님의 의를 이루지 못함이라"(약 1:20).

베드로처럼 자기 마음대로 칼을 휘둘러서야 어떻게 하나님의 의(義)를 이룰 수 있겠습니까?

"이에 시몬 베드로가 칼을 가졌는데 그것을 빼어 대제사장의 종을 쳐서 오른편 귀를 베어버리니 그 종의 이름은 말고라"(요 18:10).

하나님께서 우리를 주님의 마음을 품은 자가 되게 하시고, 주님께 온전히 순종하는 자로 훈련시키시는 이유가 여기에 있습니다.

성경을 보면, 하나님의 사람들은 모든 판단을 오직 하나님께 맡기었고, 하나님의 때를 기다릴 수 있는 사람이 되기 위해 때로는 이해가 안 되고 불의한 형편에서 인내하고 순종하는 연단을 받았습니다. 세상을 바꾸기 위해서는 하나님과 하나님나라를 믿고, 오직 하나님께만 순종하는 자가 세워져야 하는 것입니다. 곧, 자아가 죽고 예수님으로 사는 자가 되어야 하는 것입니다.

프랑스의 역사학자 엘리 할레비(Elie Halevy)는 존 웨슬리(John Wesley)를 18세기의 영국을 무혈혁명으로 이끈 위대한 사회 운동가로 평가했습니다. 당시 영국은 산업혁명으로 인해 물질적으로는 풍요로워졌지만 사회 양극화와 온갖 부정부패, 탈법, 타락이 판을 쳤습니다. 피의 혁명이 일어날 수밖에 없는 상황이었지요. 하지만 존 웨슬리 목사님을 중심으로 한 성령의 강력한 역사로 사람들이 정결하게 되고, 이웃 사랑을 적극 실천함으로 영국 사회가 개혁될 수 있었습니다.

당시 존 웨슬리 목사님은 이렇게 말했습니다.

"나에게 죄 이외에는 두려워하는 것이 없고,
하나님 이외에는 바라는 것이 없는 사람 100명만 달라.
그러면 이 세상을 뒤흔들어놓겠다.
그런 사람 100명만 있으면 이 땅 위에서 악마의 왕국을 쳐부수고
하나님의 나라를 건설할 수 있을 것이다."
하나님께서 지금 이 일을 하고 계시는 것입니다.
우리가 24시간 예수님을 바라보는 훈련을 하는 것은
우리의 영적 만족 때문이 아닙니다.
예수님과 하나가 되어
예수님이 하시는 일을 우리도 하기 위함입니다.

하나님께서는 정의파나 개혁파를 찾으시는 것이 아니라, '순종파'를 찾으십니다. 그렇기 때문에 주어진 상황에서 선불리 판단하거나 말하거나 행동하지 말고, 오직 '나는 죽고 예수로 사는 사람'이 되고 '24시간 예수님을 바라보라'는 것입니다.

분명히 우리가 처한 상황에서도 주님의 때가 올 것입니다. 그때를 위해 우리 모두 오직 하나님께 순종하는 자로 준비되어야 합니다.

20121027

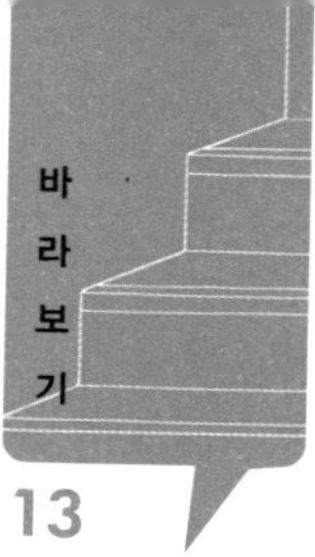

행함으로 고백하십시오

LOOKING UNTO JESUS

>>> '나는 어떤 사람인가?'

누가 이렇게 물어오면 뭐라고 설명하기가 힘듭니다. 저도 제 자신을 모른다고 해야 정직할 것입니다.

"내 주위의 사람들은 나를 어떤 사람이라고 할까?"

만약 이런 질문을 한다면 모두 일치하지는 않겠지만 저에 대해 이런저런 말을 할 것입니다. 그런데 평소 저에 대한 주위 사람들의 평가를 들었을 때, 저는 '그건 내가 아니야'라고 동의하기 어려울 때가 많았습니다. 그래서 그때마다 저는 이런 생각을 하곤 했습니다.

'겉으로 보이는 내 행동만 보고 어떻게 나를 정확히 판단할 수 있겠는가?'

'나도 나를 잘 모르는데, 다른 사람들이 어떻게 나를 알겠어!'

그런데 한번은 주님의 말씀을 묵상하다가 내 행동을 보고 내리는 주위 사람들의 평가가 나에 대한 정확한 평가가 아닐까 하는 생각이 들었습니다.

마태복음 7장 21절부터 23절에서 예수님은 우리가 “하늘에 계신 내 아버지의 뜻대로 행하는 자라야 천국에 들어갈 수 있다”고 하셨습니다. 그것은 주님이 우리가 어떻게 행동하고 사는지 주목하신다는 뜻이 아니겠습니까? 또 주님은 주(主)의 이름으로 큰 기적을 행했어도 주님 앞에서 쫓겨나게 될 자들이 있는데, 그들이 불법(不法)을 행하는 자들이기 때문이라고 하셨습니다.

24절부터 27절에서도 예수님이 반석 위에 지은 집 비유를 통해 인생의 기초가 반석이냐 모래냐 하는 기준이 “주님의 말씀을 듣고 행하느냐 아니냐에 있다”고 하셨습니다. 주님은 우리의 행함을 보시고 우리가 어떤 사람인지 판단하신다는 것입니다.

그러므로 우리가 스스로 ‘나는 이런 사람이야!’라고 생각하는 것이 어쩌면 사실이 아닐지도 모릅니다. 오히려 가족이나 친구나 동료들이 내가 어떤 사람인지 더 잘 알지도 모릅니다. 심지어 우연히 지나친 사람들이 나를 더 잘 알 수도 있을 것입니다.

지난주에 이틀간 수련회를 다녀왔습니다. 저는 말씀을 준비하기 위해 조금 일찍 수련회장에 갔습니다. 그런데 숙소에서 인터넷 연결이 제대로 되지 않는 것입니다. 사무실에 전화해서 관리자를 찾았더니 그는 잘 모르겠다는 말만 할 뿐이었습니다. 순간 짜증이 확 일어났습니다. 교회에 급히 보내야 할 원고도 있고, 모든 것이 제 계획대로 되지 않아 어느덧 화가 난 목소리로 변해가려고 했습니다.

그때 수화기 너머로 “죄송합니다. 목사님” 하는 사무실 직원의 목소리가 들렸습니다. 아차, 싶었습니다. 마치 그 말이 "조심해라, 유 목사" 하는 주님의 음성으로 들렸습니다. 저는 감정을 다스려 전화를 끊고 마음을 정리했습니다. 그리고 어쩌면 제가 어떤 사람인지 가장 정확하게 알 수 있는 사람은 그날 수련회장 사무실의 그 직원일 수 있다는 것을 깨달았습니다.

주위 사람들이 자신에 대해 어떤 생각을 가지고 있는지 관심을 가져보기 바랍니다. 그들의 말이 우리 자신의 정확한 모습일 가능성이 큽니다.

우리가 주님의 말씀을 듣기만 하고 그대로 행하지 않으면 자신을 속이는 것입니다.

"너희는 말씀을 행하는 자가 되고 듣기만 하여 자신을 속이는 자가 되지 말라"(약 1:22).

행함이 따르지 않는다면 은혜받은 것도 믿은 것도 아닙니다. 그런데도 '행동보다 마음이 더 중요하지 않은가?' 하는 생각이 들었습니다. 하지만 생각해보니 정말 마음에 있다면 행동으로 드러날 수밖에 없음을 알았습니다.

"믿습니다"라고 말하지 않아도 행동을 보면 "어디 믿는 데가 있나봐"라고 알 수 있지 않습니까? "사랑합니다" 말하지 않아도 "사랑하나봐"라고 알 수 있지 않습니까? "갈망합니다" 하지 않아도 갈망하는 것을 보면 알 수 있지 않습니까?

집에서 개를 기르고 있다면 밥을 먹을 때, 그것을 옆에서 바라보는 개의 강렬한 눈빛을 생각해보십시오. 우리가 행동으로 고백하는 법을 훈련받지 못하면 머리로만 예수님을 믿는 무기력한 신자로 전락하고 말 것입니다.

우리의 심장이 뛰는 것을 느낄 수 있습니까? 꼭 꺼내보아야 알 수 있는 것은 아니지요? 주 예수님이 우리 안에 계신 것도 마찬가지입니다. 이미 우리는 예수님의 임재를 느끼고 있습니다. 그러니 지금 바로 우리가 주님을 믿고 산다는 것을 "예수님, 나의 주님!", "하나님 아버지!"라고 부르며 행동으로 고백해봅시다.

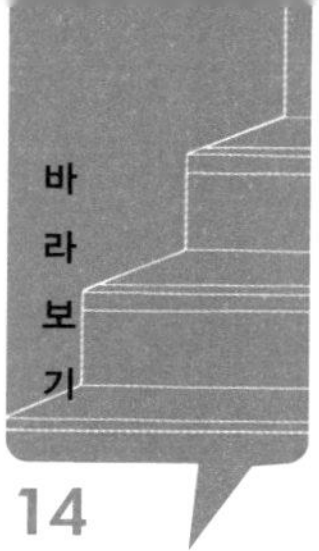

14

예수님과 막연한 사이?

LOOKING UNTO JESUS

››› 늘 깨어 기도하지 않으면 두려움에 무너지고 맙니다. 요즘 우리 형편이 그렇습니다. 저 또한 어제저녁에 기도하면서 두려움의 영의 실체를 강하게 느꼈습니다.

이렇게 두려움은 순간순간 우리를 엄습합니다. 마치 사방에 연기가 자욱해서 숨만 쉬어도 그 연기가 우리 몸 안으로 들어오는 것처럼, 한여름 밤에 날벌레들이 꼬이는 것처럼 두려움도 계속해서 우리 마음을 엄습해옵니다.

많은 성도들이 이 두려움의 공격을 받고 있습니다. 경제적 어려움이 닥칠지 모른다는 두려움, 큰 병에 걸릴지 모른다는 두려움, 사고를 당할지 모른다는 두려움, 자연재해의 두려움, 핍박에 대한 두려움, 실패에 대한 두려움 등 여러 가지 두려움으로 노이로제에 걸릴 정도입니다.

그런데 기도가 깊어지면서 주님은 "불행이나 재앙, 핍박이 닥칠지 모른다고 해서 두려워하지 말라"고 하셨습니다. "두려운 소식이 들려

올수록, 두려운 마음이 들수록, 주님과 온전히 연합하여 살기를 더욱 힘쓰라"고 하십니다. 그러고 보니 사람은 편안하고 성공했을 때도 무너지는 것을 알았습니다. 평안이냐 재앙이냐의 문제가 아닙니다. 주님 안에 거하느냐 아니냐가 문제인 것입니다.

저는 기도하면서 '앞으로 어떻게 될까, 어떤 일이 일어날까?' 하는 두려운 마음이 사라졌습니다. 걱정이 떠나갔습니다. 주님이 함께하시니 오히려 앞으로 '되어질' 일들을 기대하게 되었습니다. 마침내 두려움은 떠나고 즐거운 마음이 회복되었습니다. 마귀의 공격, 영적 시험도 걱정이 되지 않았습니다. 주님이 함께하심을 알면 두려울 것이 없습니다. 동물원의 우리 앞에서 사자나 호랑이를 본다 한들 두려워할 필요가 없는 것과 같습니다.

정말 두려운 것은 주님과 친밀하지 못한 채 사는 것입니다.

예수 그리스도를 구주로 영접하고도 부부관계가 변하지 않았습니다. 예수 믿기 전에 원수이던 사람이 여전히 원수입니다. 아이들이 "우리 아빠 엄마는 하나도 변한 것이 없다"고 합니다. 직장에서 예수 믿는 사람이라는 인정을 받지 못합니다. 예수님을 믿고도 여전히 돈이 좋고, '어떻게 하면 하룻밤 잘 놀아볼까?' 하는 생각이 들고, 급한 일만 닥치면 세상적인 방법을 찾습니다.

예수님을 믿는다고 하면서도 이렇다면, 앞으로 닥칠 불행한 일을 두려워할 것이 아니라 이렇게 예수님을 믿고 사는 것이 두려운 일이라는 것을 알아야 합니다.

지금 우리가 정말 두려워하고 걱정할 것은
재앙이나 고난이 아니라
주님과 친밀하지 못한 채 살아가는 것입니다.
이것부터 확실히 해결해놓고 살아야 합니다.
우리가 천국에 갈 때,
지금의 영적 상태로 갈 가능성이 높기 때문입니다.
그러므로 지금 예수님과 친밀하지 못하고 막연하다면,
그것이 가장 큰일입니다.

오늘 이 말이 무겁게 들린다면, 사도 바울이 "두렵고 떨림으로 너희 구원을 이루라"(빌 2:12)라고 한 말씀을 기억하기 바랍니다. 구원은 구원받는 그 순간부터 천국 열차에 올라타는 것입니다. 계속 천국을 향해 가는 것입니다. 구원받은 순간부터 천국의 삶을 살기 시작하는 것입니다. 이것이 예수님 안에 거하고 예수님과 하나 된 삶을 사는 것입니다.

사랑하는 여러분, 오늘도 막연한 두려움에서 벗어나 24시간 예수님을 바라보는 삶을 사시기 바랍니다.

20121106

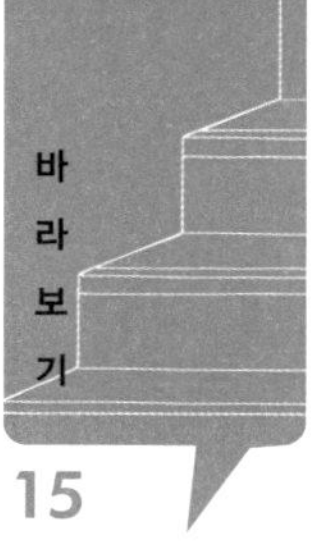

15

행복한 사역의 비밀

LOOKING UNTO JESUS

>>> 모처럼 신학교 동기들이 모여 예전에 함께 찍은 사진을 보다가 발견한 것이 있습니다. 신학교에 다닐 때와 비교하여 가장 큰 변화는 각자에게 아내가 있다는 것입니다. 상동교회 서철 목사님이 한 말씀처럼 저 또한 40대까지는 나 자신의 영성이나 열심을 가지고 목회할 수 있었지만 50세가 넘어서니 더 이상 아내의 도움 없이는 아무것도 할 수 없음을 느끼게 되었습니다.

그러고 보니 함께 모인 목사님들은 한결같이 부부관계가 좋았습니다. 이를 보면서 부부가 함께 영적으로 성장하고 하나 되고 친밀해지는 것이 정말 중요하다는 것을, 젊은 후배 사역자들에게 꼭 전해줘야겠다는 생각이 들었습니다. 이것을 깨달을 때는 너무 늦을 수 있다는 생각이 들었기 때문입니다.

결혼 30주년을 지내면서 아내의 존재감이 아주 크게 느껴집니다. 제 삶에서 아내가 차지하는 비중이 거의 절대적이라는 것을 깨달았습니다.

지나고 보니 저희 부부에게도 힘들고 가슴 철렁했던 날이 많았습니다. 아내를 고생시킨다는 생각에 괴로워한 적도 여러 번 있었습니다. 그러나 그 힘들었던 순간이 오히려 저희 부부를 영적으로 하나 되게 했고, 주님을 인격적으로 만나게 했고, 영적으로 함께 성장하게 해주었습니다. 그것이 정말 감사합니다.

부부 사이에 흔들리지 않는 신앙, 서로를 향한 깊은 신뢰와 감사, 그리고 무엇보다 영적으로 일치된 것이 지금 저의 사역을 가능하게 하는 가장 큰 요인입니다. 그러나 이것은 하루아침에 이루어진 것이 아니었습니다.

많은 사람이 행복한 결혼생활에 대해 심각한 오해를 하고 있습니다. 좋은 배우자를 만나면 행복할 것이라고 생각하는 것입니다. 그래서 눈에 불을 켜고 좋은 사람, 하나님이 정해준 사람을 찾고 또 찾습니다.

그러나 좋은 사람을 만나 결혼했는데도 행복이 보장되는 것은 아닙니다. 행복한 결혼생활은 좋은 사람을 만나는 데 있는 것이 아니라 하나님의 말씀에 순종하는 데 달려 있기 때문입니다. 좋은 사람을 만나도 하나님의 말씀에 순종하지 않으면 불행하게 살게 됩니다. 그런데 안타깝게도 이런 부부가 많습니다.

결혼은 약속이 있는 관계입니다. 그 약속은 사랑입니다.
이 사랑은 아내와 남편에게 조금씩 다르게 적용하게 됩니다.
아내가 남편을 사랑하는 것은 '순종하는 사랑'이며,

남편이 아내를 사랑하는 것은 '책임지는 사랑'입니다.
부부는 이 약속을 한 사람들입니다.
그리고 이 약속을 평생 지키며 사는 것이 행복의 열쇠입니다.
아무리 좋은 사람을 만나 살아도
이 약속을 지키지 못하면 불행하게 됩니다.

그런데 살아보니 이 약속을 지키는 일이 결심만으로 안 된다는 것을 알았습니다. 행복하지 않으면 도저히 할 수 없는 일입니다. 순종과 사랑이 힘든 것이 아니라 자신이 행복하지 않으니 힘들게 여겨지는 것입니다.

저희 부부도 예수님과의 친밀함에 눈이 뜨여가면서 비로소 행복한 부부로 살 수 있었습니다. 예수 믿는 남편이 좋은 이유는 행복한 사람이기 때문입니다. 예수 믿는 아내가 좋은 이유도 행복한 사람이기 때문입니다.

행복하기를 갈망하는 사람과 이미 행복한 사람의 차이는 엄청납니다. 만약 좋은 사람과 결혼했는데도 행복하지 않다면 예수님과의 관계에 문제가 생긴 것입니다. 예수님과의 관계가 바로 되면 얼마든지 순종하고 사랑할 수 있습니다.

행복한 부부생활은 운명도 아니고, 하나님께서 한순간에 이루어주시는 것도 아닙니다. 24시간 주 예수님을 바라보며 '순종 아내', '사랑 남편'의 삶을 살아가면서 놀랍게 누리게 되는 것입니다.

20121110

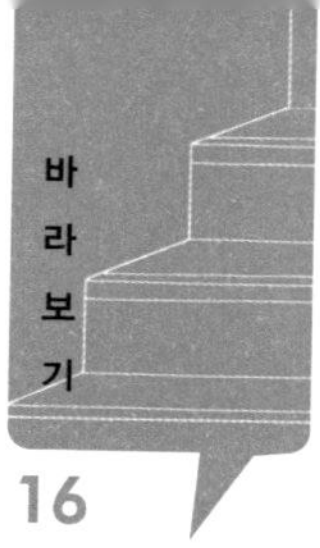

마음을 열고 다시 시작해보십시오

LOOKING UNTO JESUS

››› 주일 설교만으로는 한계가 있어서 한 주간 영적 실험을 해보라고 도전한 것이 있는데, 바로 '기도'입니다.

"쉬지 말고 기도하라"(살전 5:17)는 권면에 대해 많은 성도들이 좌절합니다.

'하루에 30분도 기도하기 힘든데, 쉬지 말고 기도하라니….'

은혜를 사모하는 많은 그리스도인들이 자신의 기도 시간이 너무 적다고 괴로워합니다. 매번 앞으로는 열심히 기도하겠다고 결심하지만, 노력하고 또 노력해도 결국 실패만 경험합니다. 오래된 습관, 육신의 힘, 온갖 유혹들로 가득한 주변 환경을 극복하기가 어렵습니다. 그래서 자기는 기도하기 불가능하다고 낙심합니다. 앤드류 머레이(Andrew Murray)는 그 이유에 대해 '기도하라는 요청'을 모세의 음성으로, 율법의 명령으로 받아들였기 때문이라고 지적했습니다. 옳은 지적이라고 생각합니다.

우리가 기도하는 것은 우리의 결단이나 노력으로 하는 것이 아님을 알아야 합니다. 오직 기도하게 하시는 분, 성령님의 역사로 기도하는 것입니다. 성령님은 우리의 기도를 도우시는 분입니다.

“이와 같이 성령도 우리의 연약함을 도우시나니 우리는 마땅히 기도할 바를 알지 못하나 오직 성령이 말할 수 없는 탄식으로 우리를 위하여 친히 간구하시느니라 마음을 살피시는 이가 성령의 생각을 아시나니 이는 성령이 하나님의 뜻대로 성도를 위하여 간구하심이니라”(롬 8:26,27).

우리에게는 기도를 도와주시는 성령님이 계십니다. 그러므로 쉬지 않고 기도하는 것은 율법의 계명이 아니라 예수 그리스도 안에서 우리에게 주어진 하나님의 놀라운 은혜이며 약속인 것입니다. 이것을 깨달으면 “쉬지 말고 기도하라”는 권면을 절망으로 받는 것이 아니라 소망의 기쁨으로 받아들이게 될 것입니다.

우리가 할 일은 기도하려고 몸부림치는 것이 아니라 “아멘” 하는 믿음입니다.

“하나님의 약속은 얼마든지 그리스도 안에서 예가 되니 그런즉 그로 말미암아 우리가 아멘 하여 하나님께 영광을 돌리게 되느니라”(고후 1:20).

여러분 중에 기도하지 않는 삶을 극복해보려고 결심하고 발버둥치며 노력하는 사람이 있다면, 이제 노력하고 발버둥치기를 그치고 주 예수님의 발 앞에 엎드려, 도우시는 성령님을 의지해보기를 권하고 싶습니다.

우리가 할 일은 오직 하나, "주님, 제 마음이 너무나 냉랭합니다. 저는 기도해야 한다는 것을 알지만 그렇게 할 수가 없습니다" 하고 기도하는 것입니다. 그러면 주 예수께서 부드러운 사랑 가운데 말씀하십니다.

"너는 기도할 수 없다.
내가 너를 '기도하지 않는 죄'에서 건져낼 것이다.
네 힘으로 승리를 얻으려는 노력을 중단하라.
나를 믿기만 하라.
내가 기도하게 해줄 것이다!"

우리의 잘못은 모든 은혜가 주님으로부터 온다는 것을 믿으면서도 모든 것을 좌우할 만큼 중요한 기도생활은 자신의 노력으로 이루어야 한다고 생각하는 것입니다. 참으로 어리석은 것입니다. 주님이 요구하시는 것은 단 한 가지입니다. 어린아이처럼 믿고 의지하면서 주님을 바라보며 주님을 영화롭게 하는 것입니다.

이 말씀은 듣기만 해서는 진정한 은혜를 받을 수 없습니다. 실제 경험해보지 않으면 알 수 없습니다. 그래서 한 주간 말씀을 실험해보라고 한 것입니다. 다만 오해하지 말아야 할 것은 기도가 저절로 될 때까지 가만히 기다리기만 하라는 것이 아닙니다. 몸부림치거나 좌절하지만 말고, 예수 그리스도를 바라보라는 것입니다.

영적인 상태에 문제가 있으니 기도생활에도 문제가 생기는 것입니다. 주님과의 관계가 바르지 않은데 더 많이 기도하거나 기도를 더 잘하겠다고 발버둥치는 것은 부질없는 일입니다. 그것은 불가능한 것을 이루겠다는 헛된 시도일 뿐입니다.

예수 그리스도께 마음을 열어야 합니다.

"볼지어다 내가 문밖에 서서 두드리노니 누구든지 내 음성을 듣고 문을 열면 내가 그에게로 들어가 그와 더불어 먹고 그는 나와 더불어 먹으리라"(계 3:20).

주님의 마음을 품어야 합니다.

"너희 안에 이 마음을 품으라 곧 그리스도 예수의 마음이니"(빌 2:5).

24시간 예수님을 바라보아야 합니다.

"믿음의 주요 또 온전하게 하시는 이인 예수를 바라보자…"(히 12:2).

영성일기를 통해 이것을 해보십시오. 항상 기뻐하는 것도, 범사에 감사하는 것도, 원수를 사랑하는 것도, 죄를 이기고 거룩하게 사는 것도 마찬가지입니다. 하나님께서 성령님을 통해 이루어주시고자 하는 것입니다. 이때 우리가 할 일은 성령님을 의지하고 성령님의 인도하심에 따라 한 걸음씩 순종하는 것입니다.

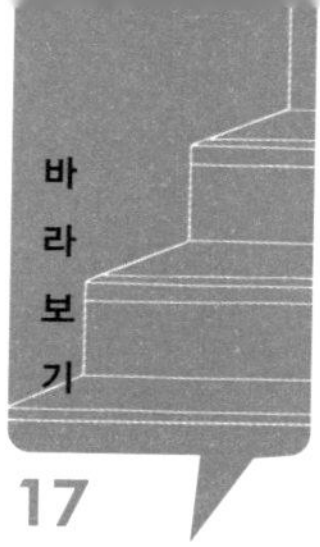

정말 주님의 양입니까?

LOOKING UNTO JESUS

››› 어느 목사님이 저희 교회 이름에 대해 말하면서, 선한목자교회라는 이름만 들어도 교회가 얼마나 은혜로울지 상상이 된다고 하셨습니다. 그러자 옆에 있던 목사님이 "아닐걸요" 하시는 것입니다. 이구동성으로 "왜요?" 하고 묻자 그 분이 이렇게 말했습니다.

"선한목자교회지, 선한양교회는 아니잖아요?"

그러자 잠시 동안 아무도 말을 잇지 못했습니다.

흔히 예수님은 선한 목자이시고, 우리는 주님이 이끄시는 양이라고 말합니다. 그래서 대부분의 사람들은 양에 대해 좋은 이미지를 가지고 있습니다. 누군가 "양 같다"고 하면 흔히 "착하다"는 말로 받아들입니다.

그러나 성경에 양은 그런 이미지가 아니었습니다. '양'이라 함은 우선 약하다는 의미입니다. 양에게는 날카로운 이빨과 발톱, 흔해 빠진 뿔도 없고 빨리 달릴 수도 없어서 들짐승들에게 쉽게 잡아먹히고 맙니다. 양을 길러본 이들의 말을 들어보면, 양은 시력도 좋지 않고 냄새도 잘 맡지 못해 쉽게 구렁텅이에 빠지고 절벽에 떨어지기도 합니다. 소, 닭, 개는 주인이 없어도 어느 정도 살 능력이 있지만, 양은 그럴 수 없다고 합니다.

인도네시아 선교여행 중에 수마트라 섬의 농촌에 가보니 개, 소, 돼지, 닭, 오리, 염소, 양들이 길가를 돌아다녔습니다. 그런데 다른 짐승은 차가 다가오면 도망가는데, 양은 차가 다가와도 가만히 있었습니다. 참 답답한 동물이지요.

또 양은 고집불통이고 변화를 아주 싫어해서 그냥 내버려두면 도랑이 생길 정도로 같은 길만 가고, 한번 먹기 시작하면 그 언덕에서만 계속 풀을 뜯어 먹어서 그곳을 완전히 못쓰게 만들고, 지독하게 움직이기를 싫어해서 쉽게 병이 든다고 합니다.

그래서 이사야가 죄악 속에서 사는 우리를 양에 비유한 것입니다.

"우리는 다 양 같아서 그릇 행하여 각기 제 길로 갔거늘 여호와께서는 우리 모두의 죄악을 그에게 담당시키셨도다"(사 53:6).

"당신은 정말 양 같군요"라는 말은 사실 욕입니다. 다시 말해 이 말은 "당신, 정말 약하고 미련하고 고집불통이고 혼자서 살 능력이 없으시군요"라고 말하는 것과 같은 것이지요.

그렇지만 예수께서 우리를 양이라 하신 것은 우리를 부끄럽게 하려는 의도는 아니셨습니다. 약하고 미련하고 무능한 우리에게는 반드시 목자가 필요하다는 말씀을 하시려는 것입니다.

양은 착하지도, 똑똑하지도, 강하지도 않습니다. 오직 목자만 죽어라 따라다니는 짐승입니다. 따라서 주님의 양인 사람은 "나는 예수님 없으면 죽는다"는 마음으로 사는 사람이라는 뜻입니다.

하나님은 이스라엘 백성을 택하신 이유에 대해 이렇게 말씀하셨습니다.

"여호와께서 너희를 기뻐하시고 너희를 택하심은 너희가 다른 민족보다 수효가 많기 때문이 아니니라 너희는 오히려 모든 민족 중에 가장 적으니라"(신 7:7).

하나님은 왜 이렇게 약한 민족을 택하셨을까요? 양이 목자를 의지하듯이 오직 하나님만 의지할 백성을 택하신 것입니다.

자신이 주님의 양이라고 생각되십니까? 저는 '나는 양이다'라는 자의식이 없었습니다. 어려서부터 "예수님은 목자요 우리는 양"이라는 설교를 들었고 찬송을 불렀습니다. 선한 목자와 양을 그린 성화를 보면 마음이 푸근해지고 좋았습니다. 그러나 그 그림이 주님과 저에 대한 그림이라는 감동은 좀처럼 없었습니다. 제가 양처럼 주님만 의지하고 따르며 살지 못했기 때문입니다.

하지만 영성일기를 쓰면서 달라졌습니다. 24시간 예수님을 갈망하며 살다보니 이제는 제가 양이 된 느낌이 자연스럽게 듭니다. 제 마음이 너무나 달라졌습니다.

"오직 예수님만 원하고, 예수님 한 분이면 충분하고, 예수님이 이끄시는 대로만 살고 싶습니다. 예수님은 나의 구주이시고 나의 주님이십니다."

제가 정말 예수님의 양이 된 것입니다! 아직 "예수님 한 분이면 충분합니다!", "저는 예수님만 원합니다!" 하는 고백이 부담스럽고 답답합니까? 그렇다면 아직 예수님의 양으로 사는 사람이 아닙니다.

지난 봄 특별휴가 때는 아버님이 소천(召天)하셨고, 이번 휴가 때는 숙소에 불이 났습니다. 정말 예측하기 어려운 것이 우리의 삶입니다. 그러니 무엇을 잘 갖추고 완벽한 계획을 가지고 산다는 것이 얼마나 어리석은지요.

우리가 정말 주님의 양이라면,
철저히 양이 되어야 합니다.
우리가 양처럼 약하고 미련하고 고집쟁이라는 것을 인정하고,
나의 계획과 지혜와 고집을 내려놓고,
매 순간 목자의 인도하심을 받아야 함을 인정하고,
주님만 바라보아야 할 것입니다.
양은 걱정하고 근심하지 않습니다.
탄식하고 좌절하지도 않습니다.
오직 목자만 따라갑니다.

그러면 "여호와는 나의 목자시니 내게 부족함이 없으리로다 그가 나를 푸른 풀밭에 누이시며 쉴 만한 물가로 인도하시는도다"라고 노래한 다윗과 같이 살게 됩니다.

20121114

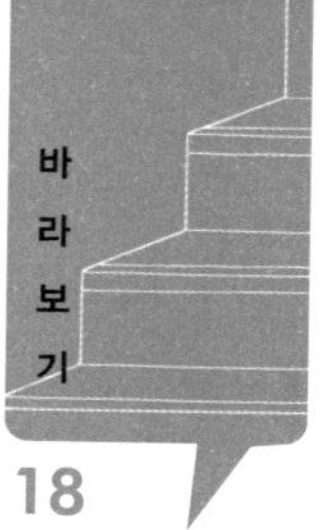

단 1퍼센트도 없습니다

LOOKING UNTO JESUS

››› 올 한 해 여러분은 얼마나 변화되었습니까? 자신에 대하여 실망스러운 사람이 많은 것 같습니다. 아니 절망하는 이들도 있습니다. 그러나 변화되지 않는다고 해서 자신을 포기하지는 말아야 합니다. 우리가 주목할 것은 변화되지 않는 자신이 아니라 우리 안에 역사하시는 주님이십니다.

김용의 선교사님이 말씀하신 일화 하나가 참 귀해서 옮겨봅니다. 한번은 김용의 선교사님이 선교사 모임에 말씀을 전하러 갔다고 합니다. 하루 먼저 도착해 다음 날 전할 말씀을 준비하고 있는데, 수련회에 참석한 선교사님들이 나누는 대화를 우연히 듣게 되었습니다. 그런데 그 대화를 듣다가 몹시 낙심이 되었다고 합니다.

어떤 분이 "이제는 너무 지쳤어요" 하니까 옆에 있던 분이 "나는 더 이상 하나님의 사랑이 느껴지지 않아요"라고 하더랍니다. 그랬더니 또 다른 선교사님이 이렇게 말했다는 것입니다.

"이제는 은혜받는 것이 무서워요."

'은혜를 사모하는 가운데 말씀을 전해도 쉽지 않은데, 저렇게 낙심한 선교사님들에게 무슨 말씀을 전하나?'

이런 생각이 드니까 밤에 잠도 오지 않아 간절히 기도할 수밖에 없었습니다. 그런데 갑자기 깨달아진 것이 있었습니다. 이것이 '누구 편에서의 문제인가?', 모든 것이 사람 편에서의 문제임이 깨달아졌습니다. 동시에 "하나님은 언제나 변함없는 사랑의 하나님이시지!"라는 것이 깨달아졌다는 것입니다.

"아무개야, 내가 너를 변화시켜보려고 무지 애를 썼다. 그런데 이제는 지쳤다. 너를 사랑하려고 많이 노력했지만 이젠 아무것도 느껴지지 않는구나. 이제는 너를 보면 무섭다."

하나님께서 만일 이렇게 말씀하신다면 어떡하겠습니까? 솔직히 주님이 이렇게 말씀하실 법한 상황이 너무 많지 않습니까? 우리는 결국 주님을 지치게 만들 것이기 때문입니다. 그러나 주님이 지치시거나 포기하실 가능성이 단 1퍼센트만이라도 있다면 복음은 끝장인 것입니다. 지금이 아니라도 앞으로 그럴 가능성이 단 1퍼센트라도 있다면 그 역시 끝장입니다.

그러나 주님은 언제까지나 어떤 처지에서도 우리를 사랑하신다는 것을 보여주고 싶어 하십니다. 분명한 약속의 증거를 보여주시며 우리를 결코 포기하지 않으실 것을 말씀하십니다. 그것이 십자가입니다.

자신에게 실망했더라도 성령님의 내주하심을 깨닫게 되었다면 그것만 해도 엄청난 변화입니다. 마틴 루터 킹(Martin Luther King) 목사님의 감동적인 연설 중에 이런 대목이 있습니다.

"나는 내가 바라던 그런 사람이 아닐 수도 있습니다. 나는 내가 되어야만 하는 그런 사람이 아닐 수도 있습니다. 내가 될 수 있었던 그런 사람이 아닐 수도 있습니다. 그러나 나는 나로 인해 하나님을 찬양합니다. 왜냐하면 나는 어제의 그 사람이 아니기 때문입니다."

우리도 이렇게 고백할 수 있지 않습니까? 우리 자신을 보면 슬픔이지만 주 예수님을 바라보면 기쁨입니다.

20121227

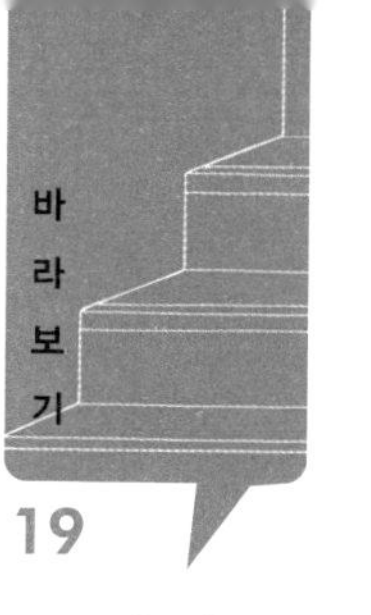

19

주님이 들으십니다

LOOKING UNTO JESUS

>>> 어제저녁 독산동에 있는 신일장로교회에서 부흥회를 인도하였습니다.

"당신은 행복하십니까?" 라는 제목으로 설교하였는데, 설교 후 담임 목사님이신 이권희 목사님께 기도회를 인도하며 〈주 예수보다 더 귀한 것은 없네〉 찬송을 부르자고 하였습니다. 그 찬송을 부르면서 10년도 더 지난 어느 겨울 강원도에서 인도했던 부흥회 생각이 났습니다. 그날도 설교를 마치고 기도하기 전에 이 찬송을 불렀습니다.

주 예수보다 더 귀한 것은 없네
이 세상 부귀와 바꿀 수 없네
영 죽을 내 대신 돌아가신
그 놀라운 사랑 잊지 못해

주 예수보다 더 귀한 것은 없네

이 세상 명예와 바꿀 수 없네
이전에 즐기던 세상일도
주 사랑하는 맘 뺏지 못해

주 예수보다 더 귀한 것은 없네
이 세상 행복과 바꿀 수 없네
유혹과 핍박이 몰려와도
주 섬기는 내 맘 변치 못해

세상 즐거움 다 버리고
세상 자랑 다 버렸네
주 예수보다 더 귀한 것은 없네
예수밖에는 없네

이 찬송을 부르는데 1절을 부르면서 회개하게 되었습니다.

'과연 내가 이 찬송을 부를 자격이 있는가? 예수님이 들으실 때, 마음이 어떠실까?'

가사 내용으로만 따지면 당연히 예수님이 정말 기뻐하시겠지만, 만약 마음이 그렇지 않은데 가사만 따라 부른다면 오히려 예수님의 마음을 너무 힘들게 하는 찬송 같았습니다. 사람들 사이에도 말로만 "사랑한다, 제일이다, 무엇을 주어도 아깝지 않다"고 말만 번지르르하게 하고 실제 속마음은 전혀 그렇지 않은 경우, 그 말을 듣는 것이 얼마나 힘드냐 말입니다. 차라리 말을 하지 않는 것이 더 낫지 않겠습니까?

1절을 마치고 찬송을 중단하고 회중들에게 이런 제 마음을 고백했습니다. 그리고 가사처럼 진정으로 주 예수밖에 더 귀한 것이 없는 교인들, 정말 예수님을 위해 세상 부귀, 세상 명예, 세상 행복, 세상 즐거움, 세상 자랑 다 버린 분만 찬송을 부르시자고 했습니다. 솔직하게 마음 준비가 안 된 분은 부르지 말고 그런 믿음을 주시기를 마음으로 기도만 하자고 했습니다.

그렇게 다시 반주자의 전주 후 찬송이 시작되었는데, 아무도 찬송을 부르지 않았습니다. 반주가 계속되었습니다. 1절이 지나고 2절로 넘어가는데 여기저기서 흐느끼는 소리가 나기 시작하더니 결국 울음바다가 되었습니다. 그렇게 회개의 기도가 터졌습니다.

그날은 설교가 아니라 찬송에서 은혜를 받았습니다. 그날의 경험은 제게 매우 중요했습니다. 그동안 제가 얼마나 말 다르고 마음 다르게 불렀던 찬송이 많았는지, 깊이 돌아보게 되었습니다. 그리고 설교한 대로, 찬송한 대로, 실제 그대로 살지 못하면 그것이 주님을 오히려 괴롭게 한다는 것을 깨달았습니다.

〈주 예수보다 더 귀한 것은 없네〉 찬송은 많은 그리스도인들이 좋아하는 찬송입니다. 그러나 가사가 좋아서 부르지만 말고 그 찬송 가사를 주 예수님이 정말 들으신다 생각하고 불러야겠습니다.

20130115

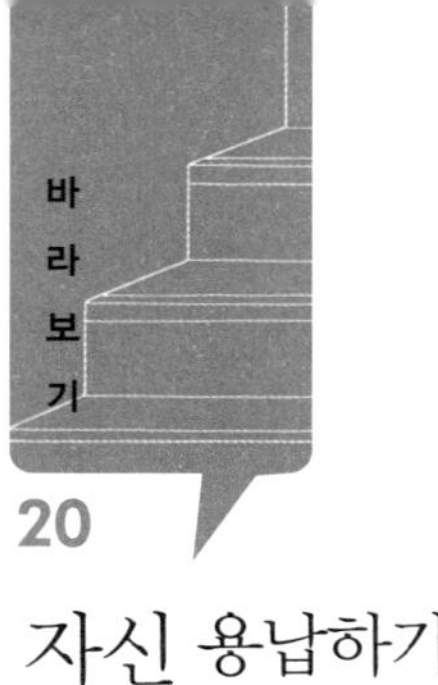

자신 용납하기

LOOKING UNTO JESUS

››› 겨울비치고 많은 비가 내렸습니다. 비가 오면 생각나는 것이 있습니다.

대전 새로남교회에 가서 말씀을 전하는 기회가 있었는데, 담임목사님이신 오정호 목사님께서 비만 오면 기분이 좋아진다고 했습니다. 수자원 공사 본부가 대전에 있어서 교인들 중 수자원 공사 간부들이 많은데, 비가 오면 돈이 내린다고 하더랍니다. 우리나라는 물 부족 국가로 실제로 비가 국가 경제에 보이지 않게 엄청난 유익을 준다는 것입니다. 그래서 비가 엄청난 돈이라는 것입니다. 그 말을 듣고 난 뒤부터 비만 오면 기분이 좋아진다고 하시는 겁니다.

생각이 얼마나 중요한지 모릅니다. 제가 24시간 예수님을 바라보는 동안 주님은 저 자신에 대한 생각을 계속 바꾸어주십니다.

특히 제 열등감과 죄책감과 절망감을 다루어주셨습니다. 제가 무엇을 잘못했다고 느끼고, 그것 때문에 지나치게 힘들어하고, 낙심하고 좌절할 때, 주님은 그것이 겸손이 아니라 '믿지 않음'이라 하셨습니다. 주 예수님은 제가 아무리 더러워도 다 덮어주시고, 아무리 미련해도 저를 택하여 쓰려고 하시는데, 제가 제 자신을 용납하지 못하면 주님도 역사하실 수 없기 때문입니다.

심지어 제가 주님을 책망하는 것 같다고 하셨습니다.

예수원을 창설하신 대천덕 신부님이 어렸을 때 할머니와 함께 살았는데, 초등학교 1학년 때 할머니가 목이 긴 양말에 굽이 높은 신발을 신겨서 학교에 보내셨다고 합니다. 그는 학교 친구들을 보고 자기 자신이 너무 초라해지는 느낌을 받았습니다. 자기처럼 촌스러운 복장을 하고 있는 친구가 아무도 없었기 때문입니다. 놀라운 것은 그때 느꼈던 열등감이 무려 40년 동안이나 신부님을 지배해왔다는 사실을 알게 되었다는 것입니다.

그리고 이런 고백을 하셨습니다.

"그 사건이 40년 동안이나 나에게 영향을 주도록 허락했던 것이 얼마나 어리석은 일이었는지 모르겠습니다."

저도 이따금씩 의기소침해지고, 자신이 없고, 이유 없이 두려움이 생기는 것이 어릴 때 제가 겪었던 일 때문임을 깨달을 때가 있습니다. 저는 목사의 아들로 태어나 어려서부터 언제나 교인들의 눈을 의식하며 살았고, 어머니는 늘 "동생들이 보잖아!"라며 저를 훈계하셨습니다. 항상 참아야 하고, 양보해야 하고, 실수하면 안 되고, 공부도 잘해야 했습니다. 욕구나 감정 표현은 금기 사항이었고 언제나 점잖아야 했습니다.

어릴 때 한복을 입고 사진관에서 찍은 독사진이 있는데 저는 울상을 짓고 있었습니다. 지금도 그 사진을 찍었을 때가 기억이 납니다. 사진사 아저씨가 "웃어, 웃으라니까" 하셔서 제 딴에는 힘을 다해 웃었습니다. 저는 웃었는데 사진을 보니 찡그리고 있었습니다. 그것이 저였습니다. 저에게는 풍성한 사랑을 느끼고 표현할 여유가 없었습니다. 이 때문에 가족들에게, 또 함께하는 사역자들에게도 상처를 주고 있었습니다.

어느 집사님이 이 말씀에 큰 감동을 받았습니다.

"저는 얼마나 오랫동안 남편을 받아들이지 않았는지 모릅니다. 제가 거듭난 후에 제일 처음 회개한 것이 남편에 대한 저의 태도였습니다.

주님의 집에 가서 품꾼 노릇을 해도 감당치 못할 이 죄인을, 하나님께서 아무 조건 없이 하나님의 자녀로 삼아주시고 하나님과 같이 한 밥상에서 먹게 해주신 것을 깨달았습니다. 그때 만약 예수님께서 '너 참 더럽구나, 좀 씻고 오너라'라고 하셨다면 저는 주님께 돌아갈 능력이 없다고 생각했을 것입니다.

그때 제가 처음으로 제 남편을 있는 모습 그대로 받아들이게 되었습니다. 죄 없이 깨끗하신 예수님께서 나같이 더러운 죄인을 그냥 받아주신 것처럼 말입니다."

자신을 있는 모습 그대로 받아들이지 못하는 분들은 다른 사람 역시 수용하지 못합니다. 무엇보다 먼저 하나님께서 주 예수님 안에서 죄인이었던 우리를 받아주셨음을 믿어야 합니다. 그 믿음으로 자신을 받아들여야 합니다.

어떤 사람이 길을 가는데 복면을 쓴 강도가 길을 막고 서 있었습니다. 그 강도가 계속 자기 앞길을 방해하고 괴롭혔습니다. 그래서 도대체 이 인간이 누구인가 하고 복면을 벗겨보았더니 자기 자신이었다는 이야기가 있습니다. 리더십 학자 존 맥스웰(John Maxwell)의 말입니다. 이렇게 우리의 문제는 의외로 우리 자신 안에 있을 때가 많습니다.

인간관계에 갈등을 겪고 계신 분들이 있다면 생각해보세요. 그것이 혹시 열등감 때문은 아닌가요?

오늘도 주 예수님 안에 거해보시기 바랍니다.
주님이 당신을 사랑하시는 그대로
자신을 사랑하게 될 때까지 말입니다.

그다음에서야 가족이나 교인, 동료들을 위하여 주님의 사랑의 통로가 될 수 있을 것입니다.

20130202

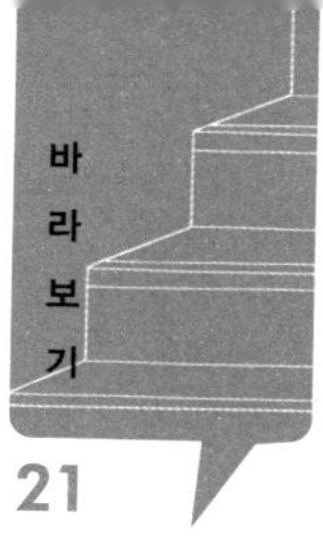

주님 안에 있어야 합니다

LOOKING UNTO JESUS

››› 로마로 가는 비행 일정이 순탄치 않았습니다. 눈이 많이 온 데다 중국 영공 통과가 허락되지 않아 인천공항에서 무려 1시간 반이나 비행기가 연발(延發)하였습니다. 그러나 주님께 맡긴 일정이라 마음이 편안했습니다.

비행기 안에 있으니 로마로 가는 모든 일정을 오직 항공사와 비행기 기장에게 맡길 뿐입니다. 비행기가 좀 늦게 출발해도 비행기가 흔들려도 환승 공항인 파리공항에 좀 늦게 도착했어도, 제가 할 일은 감사하면서 찬양하면서 앉아 있기만 하는 것입니다.

이따금 화장실에 가기 위해 비행기가 나는 방향과 반대쪽으로 가더라도 제가 다시 인천공항으로 가는 것은 아닌지 걱정하지 않았습니다. 몇 번 잠이 들었습니다. 그래도 비행기가 멈출 것이라 걱정하지 않았습니다. 제가 탄 비행기가 로마로 가는 비행기이니, 비행기 안에만 있으면 제가 몇 번 비행기가 나는 방향과 반대로 간다 한들, 몇 번을 졸더라도 결국 약속대로 로마에 도착할 것을 믿었습니다.

오늘 새삼 주님 안에 있다는 것이 무엇인지 실감했습니다. 주님 안에 있음으로 제 의지와 상관없이 모든 것이 움직이고 있습니다. 상황은 수시로 바뀝니다. 때때로 제 자신의 연약함과 죄성으로 인한 좌절도 큽니다.

그러나 저는 오직 한 가지만 점검합니다. 제가 주 예수님 안에 있는 것과 주님이 제 안에 거하시는 것입니다.

저는 오늘 완전히 주님의 일정 가운데 던져진 느낌입니다. 누가 로마공항에서 저를 맞이할지, 오늘 어떤 호텔에 묵을지, 언제 잠자리에 들 수 있을지 제 계획과 의지 속에는 없습니다. 모든 형편에 거하는 법을 배우는 기간이 될 것입니다. 그러려면 좋고 싫은 판단을 십자가에 못 박고, 오직 주님의 마음만 구하며 지내야 할 것입니다.

이런 삶의 감각에 속히 익숙해져야 하겠습니다!

20130205

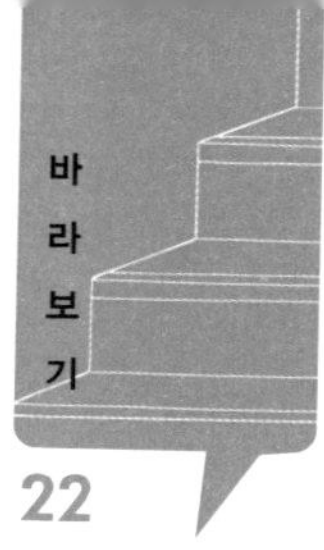

22

지금 이대로도 감사합니다

L O O K I N G U N T O J E S U S

>>> 봄페이에서 밀라노까지 이태리를 여행하면서 많은 유익을 얻고 있습니다. 집회 후 여행을 시작할 때는 주어진 공식 일정이라 별 기대를 하지 않았는데, 주님은 많은 것을 보고 깨닫게 하십니다. 특히 봄페이와 프랜시스의 고향 아시시에서 많은 것을 느꼈습니다. 오늘 가게 되는 발데제교회 유적지에서 주님은 또 무언가를 보여주실 것 같습니다.

아시시에서는 수도원을 개조한 호텔에서 묵었습니다. 너무나 영감이 있어서 저에게는 그동안 묵었던 호텔 중 최고였습니다. 이런 수도원 호텔을 한국에도 지으면 좋겠다는 마음이 들었습니다.

단 하나 불편한 것은 와이파이(Wi-Fi)가 안 된다는 것이었습니다. 어느 통신사의 것이든 막대그래프가 하나나 둘 정도만 잡혀서 인터넷 연결이 되다 안 되다 하였습니다. 처음에는 인터넷이 안 되는 것이 몹시 불편했는데, 이번 이태리 여행 중 깨우쳐주신 교훈 중 하나인 "불편한 것을 기쁘게 받아들이자"라는 생각에 인터넷 연결을 포기하고 주님만 더욱 묵상하기로 했습니다. 아침에 수도원 호텔 채플에서 기도하는데, 제 영적 수준이 이곳에서의 인터넷 연결 수준이라는 생각이 들었습니다. 막대그래프로 두 개 정도. 부끄럽지만 아주 희미합니다.

제 마음이 너무나 간절했습니다. "주님과 교통하는 수준이 막대그래프 다섯이 꽉 차는 상태였으면 좋겠습니다" 하고 기도하다가 울어버렸습니다. 정말 주님과 교제하는 수준이 막대그래프가 꽉 차서 펑펑 터진다면 얼마나 좋을지 상상하는 것만으로도 흥분이 되었습니다.

주님의 마음을 그대로 다 느낄 수만 있다면!

그렇게 간절히 기도하다가 마음을 고쳐먹었습니다. 만약 그렇게 되고 나서 제가 오히려 자랑하는 자가 되고, 교만해지고, 다른 사람에게 지나치게 보이게 된다면 제게 큰 해가 될 수 있다는 생각이 들었기 때문입니다. 막대그래프가 다섯이 되어 교만해진다면 차라리 막대그래프 두 개로 만족하겠습니다.

그러고 보니 지금으로도 너무나 감사했습니다. 희미한 것이 답답하기는 하지만 계속 그 상태가 유지되고 있으니 말입니다. 주님과 전혀 연결되어 있지 않거나 이따금 한 번씩 연결되던 때가 있었다는 것을 생각할 때 지금 이대로도 사실 기적과 같습니다.

제가 24시간 주 예수님을 바라보라고 외치고 다니는 것은 이 정도로도 너무나 놀랍기 때문입니다. 주님, 저는 오직 주님만 바라보며 나아갈 것입니다.

20130213

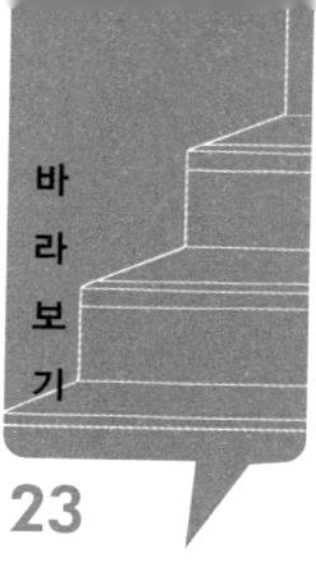

열렬히 박수 쳐보십시오

LOOKING UNTO JESUS

››› 어제는 새벽 기도회 시간마다 모이는 '믿음으로 사는 남자들' 모임에 참석하였습니다. 올해 '믿사남' 모임에서는 직장사역훈련센터(WMTC)의 대표로 계신 최영수 목사님을 강사로 모시고 '소명 아카데미'를 진행하기로 했습니다. 지난주부터 시작되었지만 저는 유럽 성회 때문에 어제 처음 참석하였습니다.

믿사남 모임 분위기가 완전히 달라졌습니다. '믿음으로' 살고자 하는 남자 성도들의 뜨거운 열기가 가득했습니다. 새가족도 많이 늘었습니다. 어제 새로 나오신 분들 중 두 분은 장인어른의 권유로 나왔다고 했는데, 장인이 사위를 강권하여 참석시킬 정도로 은혜로웠다는 말입니다.

최영수 목사님은 말씀을 전달하시는 데 탁월하셨습니다. 그저 강의를 잘하시는 것이 아닌, 목사님 안에 일터에서 살아가는 그리스도인들에 대한 애정과 열정, 그 간절함이 절절하였습니다. 모두들 목사님의 말씀에 몰입되었습니다. 다들 진심으로 고개를 끄덕끄덕하였습니다. 영성일기를 쓰면서 일터에서 경험하는 하나님의 통치와 살아 계신 하나님을 주목하도록 도전해주셔서 더욱 감사했습니다.

강의 중 특히 인상 깊었던 것은 목사님의 질문에 대답한 사람에게 열렬히 박수를 쳐주도록 하신 일이었습니다. 목사님의 질문에 누군가 대답을 하자 목사님이 그에게 박수를 쳐주자고 했습니다. 그래서 다들 으레 하던 대로 박수를 쳤습니다. 솔직히 적당히 박수를 쳤습니다. 박수를 치라니 쳤고, 한두 번 치다가 말았고, 손을 늘어뜨리고 박수를 쳤습니다.

그러자 최영수 목사님이 정색을 하며 전심으로 박수를 쳐보라고 하셨습니다. 마음을 다해 축복하고 축하하고 격려하자고 했습니다. 그래서 좀 멋쩍었지만, 다시 목사님이 시키는 대로 힘을 다하여 열광적으로 박수를 쳤습니다.

그러자 분위기가 확 달랐습니다. 믿사남 모임 장소가 야구 경기장처럼 열기로 뜨거워졌습니다. 이렇게 1시간 내내 강의는 환호성과 박수로 진행되었습니다. 박수 열심히 친 것 하나로 분위기가 이렇게 달라질 수 있다니, 저는 깜짝 놀랐습니다.

최영수 목사님은 다른 사람들에게 뜨겁게 박수 쳐주는 사람이 되라고 도전하였습니다. 마음에 깊이 와 닿는 말씀이었습니다. 얼마든지 할 수 있는 일인데, 정말 복된 일인데, 그동안 깨닫지 못하고 살았습니다. 꼭 그렇게 해야겠다고 결심했습니다.

새벽에 기도하면서, 무엇보다도 하나님께 이렇게 반응하며 살아야 한다는 생각이 들었습니다. 우리가 뜨겁게 박수를 쳐야 할 대상 중 가장 먼저가 하나님이시라는 것입니다. 그동안 하나님을 향한 저의 태도가 너무 미지근하고 무기력하게 처져 있음을 깨달았습니다. 마지못해 박수 치는 모습이었습니다.

'이것이 마땅한 태도인가?' 생각하니 너무나 죄송했습니다.

'하나님의 말씀에 대하여 '아멘' 하는 나의 태도는 과연 적절하였을까? 아침에 자리에서 일어나는 순간부터 숨 쉬고 먹고 움직이며 살아가는 모든 일들이 다 하나님의 역사인데, 정말 기쁨으로 하나님께 반응했던가?'

매 순간 되어지는 모든 일이 하나님의 허락하심이라는 것을 알면서도 진정으로 감사하지 못했습니다. 사실 힘들고 어려워 보이는 일들조차 감사할 일인데 말입니다. 하나님께서 하시는 일에 대한 제 반응은 분명 문제가 있었습니다. 날마다 매 순간 감격하고 감동하고 찬양을 드려야 마땅했을 것입니다. 비로소 나의 평소 표정과 태도가 얼마나 주님의 마음을 아프게 하였을지 깨닫게 되었습니다.

오늘 새벽, 알람이 울렸을 때 몸이 몹시 피곤했지만 '이 얼마나 복된 소리인가!' 하는 생각이 들었습니다. 그래서 잠자리를 '박차고' 일어났습니다. 그리고 고백했습니다.

"주여, 감사합니다. 기도할 건강 주시고 기도할 믿음 주시고, 함께 기도할 교인들을 주심에 감사합니다."

새벽 기도회에 나오면서 하나님께 열렬히 박수를 치며 사는 것이 무엇인지 알 것 같았습니다. 오늘 새벽은 정말 이전 어느 새벽과 다르게 느껴졌습니다. 하나님의 은혜를 이처럼 충만히 느껴본 적이 흔치 않았습니다. 이제야 주님과 동행하려면 어떤 마음을 가져야 할지 깨달아지는 것 같습니다.

주위 사람들에게 힘껏 박수 쳐주는 사람이 되어보십시오. 무엇보다 하나님께 마음을 다해 박수 쳐보십시오. 우리가 바른 믿음과 태도를 가진다면 하나님의 은혜는 더욱 강하고 충만해질 것입니다.

20130222

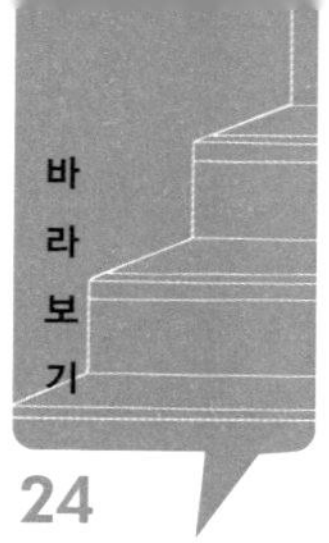

마음의 장벽을 허무십시오

LOOKING UNTO JESUS

>>> 많은 사람들이 교회가 부흥되고 있다고 말합니다. 그러나 교인의 수가 급속히 늘어난다고 부흥은 아닙니다. 부흥의 진정한 증거는 교인 수가 아니라 교인들이 거룩하게 살게 되었고, 서로 마음의 장벽이 무너지고 있느냐 하는 것입니다. 부흥은 하나님의 임재를 경험하는 것입니다. 하나님 앞에서 거룩하고 하나 되지 않을 사람이 누가 있겠습니까?

사도행전 10장은 이방인에게 성령이 임한 첫 번째 사건을 기록한 매우 중요한 성경입니다. 그런데 이 엄청난 역사에 베드로가 장애물이 되었음을 알 수 있습니다. 기가 막힌 일입니다. 예수님의 수제자가 예수님의 가장 큰 소원을 가로막았다니 말입니다.

그것은 베드로 안에 있는 이방인에 대한 편견 때문이었습니다. 그래서 하나님께서 고넬료의 가정에 계획하신 놀라운 일을 이루시기 위해서는 먼저 베드로의 마음에 있는 편견부터 깨트리셔야 했습니다.

이러한 편견은 베드로만이 아니라 우리에게도 있습니다. 도무지 받아들이지 못하는 사람, 솔직히 싫은 사람, 생각만 해도 화가 나는 사람이 있다는 말입니다. 그러나 이 때문에 하나님의 엄청난 계획이 막혀버린다는 것을 알아야 합니다.

저는 어려서부터 이 세상에 착한 사람과 나쁜 사람이 있는 줄 알았습니다. 세상이 그렇게 가르쳤기 때문입니다. 동화책, 교과서, 만화 영화 등등으로 말입니다. 그러나 그것은 사실이 아닙니다.

착한 아이, 나쁜 아이가 따로 있는 것이 아닙니다. 부모 눈에 보기에 자기 자녀는 다 착한 아이입니다. 그러나 아무리 착해 보여도 욕심부리고, 고집부리고, 혈기 내고, 편 가르는 것을 보면 무서울 때가 있습니다. 착한 사람, 나쁜 사람이 따로 있는 것이 아닙니다. 전과자를 만나면 겁부터 나지만 사실 정도 나름이지 똑같습니다. 교통사고 나서 싸울 때 한번 보십시오. 교인들끼리 윷놀이 하는 것을 보십시오. 교단 선거를 보십시오. 무섭습니다.

좋은 나라, 나쁜 나라가 따로 있는 것이 아닙니다. 우리나라는 무조건 좋은 나라, 일본은 무조건 나쁜 나라로 알았습니다. 그러나 역사를 정직한 눈으로 보면 어느 나라나 좋은 면도 있고 악한 면도 있음을 알 수 있습니다. 다 똑같습니다. 상대적일 뿐입니다. 하나님의 사랑의 대상으로도 그렇고 심판의 대상으로도 그렇습니다.

제가 예수님을 진정으로 영접하고 난 뒤 경험한 가장 큰 변화는 제가 가장 큰 죄인이라는 것을 깨달은 것입니다. 이것은 겸손의 표현이 아닙니다. 저는 사실 제가 가장 큰 죄인이리라고는 그 가능성도 생각해보지 못했던 사람입니다. 저는 어려서부터 만나는 사람들로부터 "착하다, 모범적이다"라는 말을 들었습니다. 친구들도 "나는 나쁜 짓도 많이 하고 성질도 나쁘지만, 너는 모범생이고 착하니까"라고 말했습니다. 그러니 저는 당연히 나는 착하고 모범생이고 세상에는 나쁘고 못된 사람들도 많다고 생각한 것입니다.

그런데 이것이 가장 큰 죄인 것을 몰랐습니다. 예수님께서 바리새인과 세리의 기도를 통해 그것을 깨닫게 하셨습니다. 예수님은 경건했던 바리새인이 말할 수 없는 죄인 세리보다 더 큰 죄인이라고 말씀하셨습니다. 바리새인이 자기는 의로운데 세리는 더러운 죄인이라고 정죄한 단 한 가지 이유 때문이었습니다. 제가 바로 그 바리새인이었던 것입니다.

저는 나중에 저와 같은 교인들이 의외로 많은 것을 보았습니다.

교양도 있고, 품위도 있고, 열심도 있으나,
죄인을 대할 때 마치 벌레 보듯이 하는 사람들입니다.
얼굴을 찌푸리고 어울리려고 하지 않고
마음으로부터 정죄합니다.
그러나 주님이 보시기에는 다 같은 죄인일 뿐입니다.
바로 이 점이 깨달아져야 진정으로 남을 용서하고
사랑하는 것이 얼마나 중요한지 알게 됩니다.

주님은 기도하는 과정을 통해 우리를 만들어가십니다. 왜 기도를

'오래' '꾸준히' 해야 합니까? 하나님을 설득하기 위해서가 아니라 우리가 좀처럼 변화되지 않기 때문입니다. 베드로의 기도가 왜 길어졌습니까? 베드로가 좀처럼 변화되지 않았기 때문입니다.

사람과의 장벽이 무너지려면 예수님을 바라보는 눈이 열려야 합니다. 예수님이 함께하심을 바라보게 되면 사람의 문제는 아무것도 아니게 됩니다. 부부, 부모, 자녀, 교우 관계가 다 달라집니다. 이것 외에는 다른 길이 없습니다. 하나님께서 내가 싫어하는 그 사람을 천국에 들어가게 하신다면 천국에서도 그를 외면할 것입니까?

나는 죽고 예수로 살면, 예수님이 내 마음의 왕이심을 분명히 하면 상종하지 못할 사람이 없습니다. 사람과의 관계가 막혀 있으니 하나님의 계획이 아무리 커도 아무런 역사가 일어나지 않는다는 것을 명심해야 합니다. 사람과의 사이에 있는 마음의 장벽을 해결해야 합니다. 그러면 엄청난 하나님의 계획이 이루어집니다.

20130223

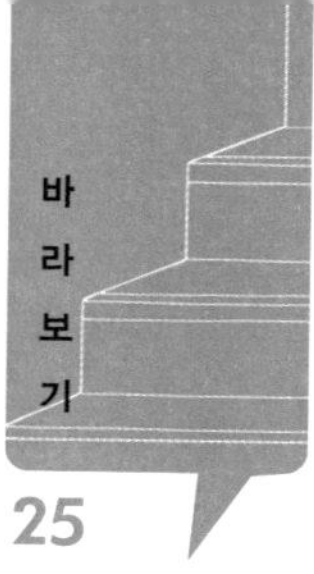

사랑하는 주님의 음성

LOOKING UNTO JESUS

››› 저는 한동안 성령님께 온전히 순종해야 한다는 원칙을 철저하게 지키지 못했습니다. 그저 제가 옳다고 생각하거나 하고 싶은 일을 해버리는 경우가 많았고 그것이 큰 잘못이라는 생각을 해보지 않았습니다.

그러나 24시간 주님을 바라보면서 그러한 태도 때문에 제 삶과 사역이 성령님의 역사이기보다 제 자신의 일이 되어버렸음을 깨달았습니다. 저는 성실하고 열심히만 하면 주님의 일을 잘하는 것이라 착각을 했던 것입니다.

주님 앞에 섰을 때, "너는 열심히 목회를 했는지 모르지만 나는 너를 한 번도 제대로 쓴 적이 없었다"라는 말씀을 듣는다면 정말 끔찍한 일일 것입니다. 그런데 제가 그렇게 살았던 것입니다.

그것은 제가 주님의 음성을 듣는 훈련이 되어 있지 않았기 때문이었습니다. 어려서부터 주님의 음성을 듣는다고 하는 것은 위험한 신비주의에 빠지는 것이고, 그저 성경 열심히 읽고 주의 종 목사님이 가르치는 대로 신앙생활 하는 것이 올바른 것이라고만 들었기에 주님의 음성을 들으려는 노력조차 하지 않았습니다.

그러나 우리가 주님의 음성을 듣지 못하면
순종할 수 없습니다.
알지도 못하는 주님의 인도하심에 어떻게 순종할 수 있겠습니까?
주님은 분명히 모든 그리스도인은
주님의 음성을 듣고 따르는 자가 될 것이라고 말씀하셨습니다.
"내 양은 내 음성을 들으며 나는 그들을 알며
그들은 나를 따르느니라"(요 10:27).

어떤 교인이 제게 "목사님, 저는 하나님의 음성을 한 번만이라도 들어보았으면 소원이 없겠습니다"라고 했습니다. 실제로 많은 그리스도인들이 주님의 음성을 듣지 못한다고 생각합니다. 그것은 주님의 음성을 육성(肉聲)으로 듣는 줄 알기 때문이고, 주님의 음성을 듣는 삶을 훈련받지 못했기 때문입니다.

저도 마음속으로는 주님의 음성을 듣고 싶었습니다. 한 번이라도 듣고 싶었습니다. 그래서 산 기도 하면서 나무뿌리를 뽑아보기도 했습니다. 그러나 주님의 음성을 듣지 못하였습니다. 이유는 주님의 음성을 귀로 듣는 줄 알았기 때문이었습니다.

"보혜사 곧 아버지께서 내 이름으로 보내실 성령 그가 너희에게 모든 것을 가르치고 내가 너희에게 말한 모든 것을 생각나게 하리라"(요

14:26).

이 말씀을 보면 우리는 주님의 음성을 생각으로 듣는다는 것을 알 수 있습니다. 그렇습니다. 성령께서는 어떤 생각이 갑자기 드는 방법으로 우리에게 말씀하십니다. 이것을 신학적 용어로는 조명(illumination)이라고 합니다.

"또 주께서 이르시되 그날 후에 내가 이스라엘 집과 맺을 언약은 이것이니 내 법을 그들의 생각에 두고 그들의 마음에 이것을 기록하리라 나는 그들에게 하나님이 되고 그들은 내게 백성이 되리라"(히 8:10).

"주께 힘을 얻고 그 마음에 시온의 대로가 있는 자는 복이 있나이다"(시 84:5)라고 했는데, 마음에 시온의 대로가 있다는 말이 무엇일까요? 하나님 자녀의 마음에는 하나님이 가라고 하는 길이 떠오른다는 말입니다.

"육신을 따르는 자는 육신의 일을, 영을 따르는 자는 영의 일을 생각하나니 육신의 생각은 사망이요 영의 생각은 생명과 평안이니라"(롬 8:5,6).

우리가 전에는 생각나는 것을 들었다고 여기지 않았습니다. 그러나 이제는 생각으로 말씀하시는 주님께 귀가 열려야 합니다. 그러면 많은 주님의 음성이 들리게 됩니다.

여러분은 '양심의 소리'를 들어보지 못하셨습니까? 은혜받았다고 느껴보신 적이 있습니까? 회개할 마음이 생긴 적이 없었습니까? 만약 우리가 하나님의 음성을 육성으로 들으면 우리는 쉽게 교만해지거나 미혹받기 쉽고, 평소에 하나님의 음성을 듣지 못한다는 착각에 빠질 것입니다. 그러나 주님의 음성을 마음의 생각으로 들을 때, 우리는 항상 성령님의 음성을 들을 수 있고, 듣고도 겸손하게 됩니다.

24시간 주님과 동행하려면 주님의 음성을 듣는 것이 가장 중요한 영적 훈련입니다.

20130302

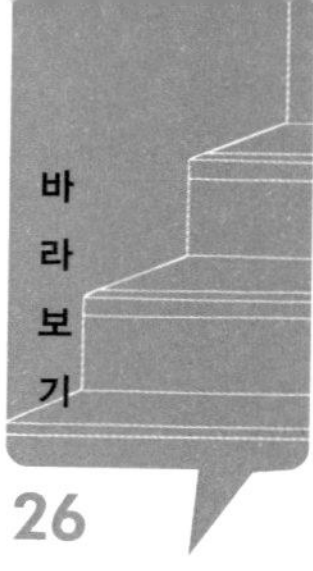

대가를 지불하십시오

LOOKING UNTO JESUS

››› 저는 이따금 뉴스를 보는 일 외에 TV를 거의 보지 않지만, 동물 프로그램이 나올 경우 흥미 있게 봅니다. 그러면서 아무리 강한 야생동물들이라도 두려움이 많다는 것을 알았습니다. 흔히 야성(野性)이 있어야 한다고들 하는데 '야성'에 극도의 공포심과 경계심이 있다는 것을 알아야 합니다.

우리에게 필요한 것은 '야성'이 아니라 주님께로부터 온 '믿음'입니다. 저는 동물을 보면서 믿음이 얼마나 놀라운 것인지 새삼 깨닫게 되었습니다. 믿음이란 두려움이 없는 것입니다. 항상 기뻐하고 범사에 감사하고 원수도 사랑하는 것입니다. 이것은 기적입니다.

24시간 주 예수님을 바라볼 때 주어지는 가장 큰 축복이 믿음으로 살게 되는 것입니다.

"믿음의 주요 또 온전케 하시는 이인 예수를 바라보자"(히 12:2).

사람들이 사는 모습은 정말 참 애처롭습니다. 태어나 죽을 때까지 노력하고 또 노력하며 살지만 행복하게 사는 사람은 정말 드뭅니다.

하지만 믿음으로 사는 사람은 몸부림치며 살지 않는데도 행복하게 삽니다. 믿음으로 살면 삶이 쉬워집니다. 여호사밧 왕이 아람과 전쟁할 때, 군대 맨 앞에 찬양대를 세웠듯이 여러 가지 어려운 문제가 닥쳐와도 믿음이 있으면 찬양할 뿐입니다. 그것이 믿음으로 싸우는 것입니다.

그런데 이런 믿음을 가지려면 대가 지불이 있어야 합니다. 24시간 주 예수님을 바라보는 것입니다. 때때로 두려움이 제 안에 가득할 때가 있습니다. 주님이 아무런 역사를 행하지 않으시는 것처럼 여겨질 때가 있습니다. 그럴 때는 영락없이 제가 주 예수님을 온전히 바라보지 않았기 때문이었습니다.

물론 거기에 제 나름대로 핑계거리가 있습니다. 사람들에게도 신경써야 하고, 제 마음대로 하고 싶은 일도 있습니다. 오직 주 예수님만 바라보며 순종만 하는 것은 너무 얽매이는 삶처럼 여겨질 때가 있다는 말입니다. 그러나 주님은 믿음으로 살기 원한다면 반드시 믿음의 대가 지불이 있어야 한다는 것을 깨우쳐주십니다. 명심해야 할 일입니다.

한번은 기도하면서 제 마음을 묶고 있는 것이 무엇인지 성령님께 물었을 때, 성령님은 제 안에 있는 소리를 듣게 하셨습니다.

"하나님, 1퍼센트라도 좋으니 제 마음대로 할 자리를 남겨주시면 안 될까요?"

깜짝 놀랐습니다. 제 마음에 그런 마음이 있다는 것입니다. 주님은 단호하게 "안 된다!"고 하셨습니다. 그때 제 안에서 "너무하시는 거 아닌가요?" 하는 소리를 들었습니다(저를 용서해주시기 바랍니다. 이것이 솔직한 저의 모습이었습니다). 제 안에 그런 욕구가 있었던 것입니다.

그때 저는 '주님은 왜 단 1퍼센트도 남겨주실 수 없다고 하셨을까?' 라고 생각해보았습니다. 그리고 1퍼센트가 무섭다는 것을 깨달았습니다. 내 마음대로 할 수 있는 1퍼센트를 구한다는 것은 결국 예수님이 주님 되심을 거부하는 것임을 알았습니다. 결국 내가 주인 노릇하려는 것입니다. 예수님이 내 마음에 임하심을 거부하는 것입니다. 일부라고 하지만 결국 전부인 것입니다.

저는 자아도 붙잡으려 하고 능력도 붙잡으려 하는
참 안타까운 사람이었습니다.
주님은 저에게 1퍼센트라도 마음대로 살면
성령의 능력을 포기해야 한다고 하셨습니다.
그때 저는 "그건 안 됩니다!" 하였습니다.
그리고 제 안에서 또 다른 소리가 외치는 것을 느꼈습니다.
"아니에요. 저는 100퍼센트 주님께 순종하기를 원해요.
성령님, 제 안에 오세요. 저를 다스려주세요."
제 영혼의 외침이었습니다.

여러분, 잘 알아야 합니다. 우리 안에는 24시간 주 예수님을 바라보며 살고, 예수님을 진정으로 마음의 왕으로 영접하기를 부담스러워하는 것이 있습니다. 바로 우리의 '자아'입니다. 자아의 강력한 욕구는 마음대로 살고 싶은 것입니다.

그러나 또 우리 안에는 영혼의 갈망도 있습니다. 오직 주 예수님으로 살고자 하는 것입니다. 주님을 바라볼 수 있다는 것은 축복입니다. 우리 안에 오신 주님과 동행함이 진정한 기쁨입니다. 이전에는 상상도 못할 놀라운 일입니다.

두려움 없는 믿음으로 살려면 분명한 대가 지불이 있어야 합니다.

24시간 주 예수님을 바라보며 온전히 순종하는 것입니다.

20130306

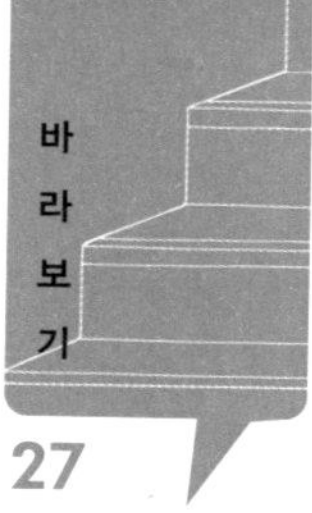

기쁨을 이기지 못하시는 주님

LOOKING UNTO JESUS

››› 어제 주일 설교를 하고 오늘 새벽에 일어나 숭실대 교직원 예배에 설교를 하러 가는 길입니다. 제게 주어진 주요 사역이 말씀을 전하는 사역입니다. 그러나 저는 설교 사역에 대한 열등감으로 어려움을 많이 겪었습니다. 감사하게도 주님은 여러 가지 방법으로 저의 열등감을 극복하게 해주셨습니다.

가장 결정적인 계기가 말씀을 통한 치유였습니다.

"그러나 하나님께서 세상의 미련한 것들을 택하사 지혜 있는 자들을 부끄럽게 하려 하시고 세상의 약한 것들을 택하사 강한 것들을 부끄럽게 하려 하시며 하나님께서 세상의 천한 것들과 멸시받는 것들과 없는 것들을 택하사 있는 것들을 폐하려 하시나니 이는 아무 육체도 하나님 앞에서 자랑하지 못하게 하려 하심이라"(고전 1:27-29).

큐티를 하다가 불현듯 제가 이 말씀을 믿지 않고 있음을 깨닫고 3일을 고민하였습니다. 그러면서 이 말씀은 이해하고 믿을 수는 없고 오직 믿음으로만 누릴 수 있음을 깨닫고, 무릎을 꿇고 "제가 이 말씀을 믿겠습니다"라고 고백한 후, 머리를 바닥에 대고 얼마나 울었는지 모릅니다.

그 후로 설교 사역에 대한 열등감이 사라졌습니다. 주님이 나 같은 자도 쓰신다는데 누가 뭐라고 할 것이냐 하는 담대함이 생겼습니다. 그러나 그 후에도 설교를 마치고 "주님이 하셨습니다"라고 진정으로 기뻐하고 감사해본 적이 별로 없었습니다. 항상 아쉬웠기 때문입니다. 제가 부족한 것이 많아도 주님이 써주신다는 것은 믿었지만 제가 주님을 기쁘시게 한다는 확신이 없었습니다.

그런데 주님은 또 한 번 저의 이 문제를 다루어주셨습니다. 몇 년 전 유럽 코스타 저녁 집회 때였습니다. 제가 설교하기 전, 온누리교회 사랑 챔버의 공연이 있었습니다. 손인경 교수가 이끄는 정신지체 장애우 합주팀의 연주였습니다. 그때 저는 다음 순서에 제가 설교를 해야 한다는 것도 잊을 만큼 연주에 큰 감동을 받았습니다.

그들의 연주가 특별히 대단한 것은 아니었습니다. 그들이 지적 장애우였기 때문에 입장하고 퇴장하는 과정, 연주가 끝나고 악기와 악보를 챙기고 옷을 입는 것까지 다 부모들이 도와주어야 했습니다. 하지만 어느 누구도 그들의 부족한 면을 보지 않았습니다. 잘한 것만 보였습니다. 그것으로 충분하였습니다.

저는 연주가 끝나고 내려오는 그들에게 마음을 다해 박수를 보냈습니다. 그러나 그들은 집회에 참가한 많은 유학생들의 환호와 박수에 아무런 반응도 보이지 않은 채 엄마가 단 위로 올라와 자신들을 데리러 올 때까지 가만히 있었습니다.

제가 그날 왜 그런 생각을 했는지 모르지만, 저는 제 설교를 보시는 주님의 마음이 이와 같지 않을까 생각하며 한참 눈물을 흘렸습니다.

'내가 설교하는 것을 보시는 주님이 얼마나 기쁘실까?'

정말 이런 마음은 처음이었습니다.

'주님은 어떤 눈으로 내가 설교하는 것을 보실까?'

제가 온누리교회 사랑 챔버 연주 공연을 보는 것처럼 그렇게 보실 거라고 믿어졌습니다.

"쟤 좀 봐요. 쟤가 정말 유기성 맞아요? 쟤가 성경 말씀을 가지고 설교를 하고 있어요. 쟤가 예수 그리스도를 증거한다니까요. 너무나 놀랍지 않아요?"

우리는 육신을 가지고 살기에 어쩔 수 없이 드러나는 우리의 육신적인 모습이 있습니다. 그러나 성령님을 모시고 사는 사람에게는 반드시 성령님의 역사도 드러납니다. 하나님께서는 우리에게서 나타나는 성령의 역사를 보시며 기뻐하십니다.

흔히 자녀들이 자기 부모를 꼭 닮았다고 합니다. 그런데 닮았다는 것이 어느 정도라는 말일까요? 눈이 두 개, 코가 하나인 것은 사람이면 100퍼센트 똑같습니다. 그래서 척 보면 사람인지 압니다. 사실 사람마다 가진 차이는 너무나 미미합니다. 아이의 눈매, 코 모양, 얼굴 모양이 부모와 비슷한 정도입니다. 그런데도 우리는 아이가 부모와 꼭 닮았다고 말합니다.

한동안 읽기만 했지 공감하지 못했던 성경 말씀이 있습니다.

"너의 하나님 여호와가 너의 가운데에 계시니 그는 구원을 베푸실 전능자이시라 그가 너로 말미암아 기쁨을 이기지 못하시며 너를 잠잠히 사랑하시며 너로 말미암아 즐거이 부르며 기뻐하시리라 하리라"(습 3:17).

그러나 이제는 이 말씀이 이해가 되고 누려집니다. 24시간 예수님을 바라보면서 제 안에 성령님께서 임하신 증거를 보는 눈이 열리는 것을 경험합니다. 그래서 더욱 주님을 따라 살게 됩니다.

20130318

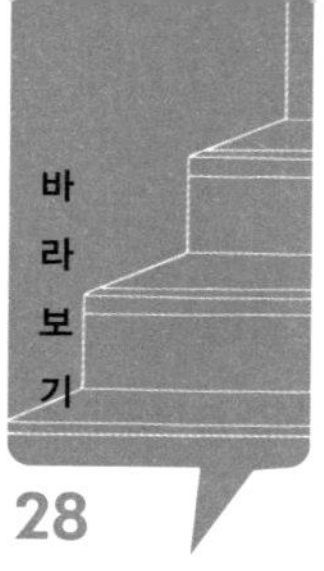

완전한 순종을 결단하는 삶

LOOKING UNTO JESUS

››› 새벽 1시 반에 잠에서 깼습니다. 마음에 '정말 원수도 사랑할 수 있나?' 하는 생각이 들었습니다. 그것도 이상한 일입니다. 꿈을 꾼 것도 아닌데 정신이 점점 맑아졌습니다. 그때 주님께서 원수로 인하여 겪게 되는 마음의 고통이 어떤 것인지 느끼게 해주셨습니다.

실제로 원수가 생긴 것도 아닌데, 마음이 너무나 아팠습니다. 이런 고통을 당하면서도 원수를 사랑해야 하다니…. 숨을 쉴 수 없을 만큼 답답하고 고통스러웠습니다. 과연 이런 고통이 사그라질 수 있는지, 이런 고통을 당하면서까지 사랑할 수 있는지 믿어지지 않았습니다. "원수도 사랑하라"는 말이 함부로 할 말이 아님을 깨달았습니다.

그러나 그때 주님께서 제게 말씀하셨습니다.

"일을 겪고 순종하려 하면 불가능하다.
먼저 완전한 순종을 결단하고 살아야 한다."

저는 자리에서 일어나지 않을 수 없었습니다. 이 말씀을 기록하지 않고 다시 잠든다면 이 말씀을 영원히 잃어버릴 것 같았기 때문입니다.

원수까지 사랑하는 것은 노력으로는 순종할 수 없습니다. 십자가를 통과한 자만이 순종할 수 있습니다. 많은 성도들이 성령님께 완전히 복종하는 것을 두려워합니다. 힘든 일이라고 여깁니다. 그렇지 않습니다. 정말 어려운 것은 '완전한 순종'이 아니라 "하나님께 완전히 복종하리라!" 결단하는 것입니다. "이제부터 무슨 일이 있어도 나는 하나님께 완전히 순종할 것이다"라고 결단하는 것은 자아의 죽음을 받아들이는 것입니다.

순종에는 두 가지가 있는데, 첫째 순종은 순종하려고 노력하는 것입니다. 그런데 이런 사람은 반드시 좌절하게 됩니다. 둘째 순종은 자아가 죽는 것입니다. 그러면 저절로 되는 것처럼 순종이 됩니다. 순종의 가장 큰 장애물이 자아이기 때문입니다.

죽는다는 것은 노력하는 것조차 내려놓는 것입니다. 그래서 '죽음'이라고 말하는 것입니다. 그러나 아무것도 하지 않는 것을 말하는 것이 아닙니다. 예수님께 맡기고 완전히 순종하는 '상태'를 말합니다. 나의 의지를 버리고 주님의 의지로 행하고, 나의 감정이 아니라 주님의 감정으로 느끼고, 나의 지식과 경험을 의존하지 않고 매 순간 주님께 묻는 자세로 사는 것을 말합니다.

그때 부활의 주님이 우리 안에서 역사하시는 것을 체험하게 됩니다. 염려가 없어집니다. 두려움도 없어집니다. 불만도 없어집니다. 감사뿐이고, 완전한 기쁨, 진정한 사랑이 넘쳐납니다. 매 순간 하나님을 찬양하고 싶어집니다. 예수님의 복음만 전하고 싶어집니다. 도시와 민족을 위해 기도하는 마음이 불타는 것 같습니다. 이렇게 성령님께서 역사하기 시작하십니다. 은혜의 강이 터지기 시작하는 것입니다.

청주 사도교회를 담임하셨던 차재용 목사님께서, 시골교회 초년 목회 시절, 목회가 어려워 좌절감으로 갈등하던 중, 주일 낮 예배 설교를 하다가 안면근육이 마비되는 일이 있었습니다.

목사님은 담요를 싸들고 산에 올라가 금식기도를 시작하였습니다. 말이 금식이지, 고민 속에 몸부림을 친 것입니다. 그런데 나흘째 되던 목요일 밤, "귀 뚫린 종아!"라고 세 번 부르시는 소리를 들었습니다.

다음 날 성경을 찾아보았더니 출애굽기 21장에 귀 뚫린 종에 대한 규정이 나오더랍니다.

"네가 히브리 종을 사면 그는 여섯 해 동안 섬길 것이요 일곱째 해에는 몸값을 물지 않고 나가 자유인이 될 것이며 만일 그가 단신으로 왔으면 단신으로 나갈 것이요 장가들었으면 그의 아내도 그와 함께 나가려니와 만일 상전이 그에게 아내를 주어 그의 아내가 아들이나 딸을 낳았으면 그의 아내와 그의 자식들은 상전에게 속할 것이요 그는 단신으로 나갈 것이로되 만일 종이 분명히 말하기를 내가 상전과 내 처자를 사랑하니 나가서 자유인이 되지 않겠노라 하면 상전이 그를 데리고 재판장에게로 갈 것이요 또 그를 문이나 문설주 앞으로 데리고 가서 그것에다가 송곳으로 그의 귀를 뚫을 것이라 그는 종신토록 그 상전을 섬기리라"(출 21:2-6).

히브리인은 종이 되어도, 6년 종살이했으면 7년째에는 자유인이 됩니다. 그러나 만일 본인이 계속 종 되기를 원하면 그를 재판장에게 데려가 그의 귀를 문이나 문설주에 대고 송곳으로 뚫는데, 그러면 그가 영원히 그 상전을 섬길 것이라고 했습니다.

귀 뚫린 종이 되면 세 가지 단점이 있습니다.

첫째, 귀를 뚫은 것이 고통스럽다는 것입니다.

둘째, 어디를 가도 평생 종이라는 표시를 가지고 살아야 합니다.

셋째, 더 좋은 곳이 있어도 갈 수 없습니다.

그러나 귀 뚫린 종에게 유익한 점도 있습니다.

첫째, 노예 상인으로부터 보호를 받습니다.

둘째, 주인이 집 열쇠를 맡깁니다. 주인과의 사이에 비밀이 없습니다.

셋째, 주인으로부터 상속을 받습니다.

넷째, 주인과 한가족으로 여김을 받아 한 상에서 먹습니다.

차재용 목사님은 하나님께서 자신을 귀 뚫린 종으로 받아주셨음을 깨닫고 뜨겁게 눈물을 흘리며 새 힘을 얻었다고 했습니다. 그리고 평생 목회를 잘하셨습니다.

우리 모두 귀 뚫린 종으로 삽시다!
이제부터 형편에 따라 그때그때
순종할 것인지 말 것인지 고민하지 말고,
나 자신이 이미 십자가에서 죽었음을 믿고
앞으로 무슨 일이 있어도,
"주 예수님께 완전히 순종하겠습니다"라고
결단하고 사는 것입니다.

20130320

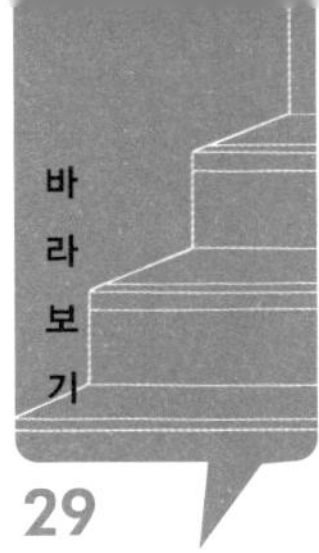

29

양이 이리를 이기는 방책

LOOKING UNTO JESUS

››› 방송국과 금융기관에 악성코드 해킹이 있어서 컴퓨터 시스템이 마비되는 큰 혼란이 있었다는 뉴스를 들었습니다. 얼마 전 제가 사용하는 메모 용도의 앱(App)에 해킹 징후가 있어서 전 가입자에게 강제로 비밀번호를 바꾸게 한 적도 있었습니다.

이와 같은 일이 영적으로 우리에게도 일어나고 있습니다. 성경은 마귀가 우는 사자같이 우리를 삼키려고 우리 주위를 배회하고 있다고 했습니다. 눈에 보이지 않기에 우리가 그 심각성을 잘 모르고 살 뿐입니다.

최근 주님을 향한 제 마음의 갈급함이 강하였습니다. 너무나 간절히 부흥을 경험하게 해달라고 기도했고 또 기대하며 하루하루를 살았습니다. 그런데 이번 주에 들어 주님을 의식하는 것이 가물가물해지는 일이 반복되었습니다. 온갖 나쁜 생각들이 계속해서 떠올랐고, 감정이 요동하고, 기도에 집중하지 못하고, 말씀을 보지 못하고, 주님을 의식하지 못하고 지나는 일이 많아지는 것입니다.

며칠을 이렇게 지내자 마귀가 영적으로 저를 공격하고 있다는 생각이 들었습니다. 몸이 너무 피로한 것 역시 영적 공격의 하나라고 깨달아졌습니다. 주님을 향한 제 마음의 갈급함을 흐트러뜨리려 한다는 것을 알았습니다.

그런 중에도 감사한 것은 주님이 저를 지켜주시는 것을 깨닫는 것입니다. 안개 속을 걷는 듯, 마취한 상태에서 걷는 것 같아도 실족하거나 넘어지지 않고 가고 있습니다. 그동안 24시간 주 예수님을 바라보려고 애써왔기에, "하나님께로부터 나신 자가 그를 지키시매 악한 자가 그를 만지지도 못하느니라"(요일 5:18)라고 하신 말씀이 제게 이루어지고 있음을 알았습니다.

주 예수님께서 제자들을 전도하러 보내시며 "갈지어다 내가 너희를 보냄이 어린 양을 이리 가운데로 보냄과 같도다"(눅 10:3)라고 말씀하셨는데 이것이 우리가 처한 영적 상황입니다. 어린 양이 이리 앞에 있는 형국이니 무슨 수로 감당할 수 있겠습니까?

양인 제자들이 이리인 사탄과 싸운다면 어떻게 해야 할지 상상해보았습니다.

'양이 큐티를 열심히 하면 이리를 이길 수 있을까? 성경을 통독하면 이길 수 있을까? 새벽 기도회에 빠지지 않는 양은 이리를 이길 수 있을까? 제자훈련을 하면? 하나님의 말씀대로 살리라 결단하면? 금식하면 이리를 이길 수 있을까? 양이 태권도 도장에 나가면 이리를 이길 수 있을까?'

이런 것들은 결코 근본적인 해결책이 아닙니다. 조금도 도움이 안 됩니다. 그래서 많은 성도들이 열심히 신앙생활 하려다가 얼마 못 가 무너지는 것입니다. 양이 이리를 이길 수 있는 유일한 방책은 목자와 함께 있는 것입니다. 우리가 주 예수님과 늘 함께하는 것만이 이리인 마귀를 이기는 유일한 길입니다.

큐티도 성경통독도 기도도 제자훈련도 다 주 예수님과 동행할 때만 도움이 되는 것입니다. 주 예수님을 바라보지 못하면 결코 마귀의 시험을 이기지 못합니다.

"사람이 내 안에 거하지 아니하면 가지처럼 밖에 버려져 마르나니 사람들이 그것을 모아다가 불에 던져 사르느니라"(요 15:6).

"오직 성령이 너희에게 임하시면 너희가 권능을 받고 예루살렘과 온 유대와 사마리아와 땅끝까지 이르러 내 증인이 되리라 하시니라"(행 1:8).

"내게 능력 주시는 자 안에서 내가 모든 것을 할 수 있느니라"(빌 4:13).

우리는 이리 떼 속에 선 양이라는 심정으로
주 예수님을 바라보며 살아야 합니다.
그것만이 우리가 승리하는 삶을 사는 길입니다.
24시간 주 예수님을 바라보는 것은 결코 지나친 것이 아닙니다.
영적인 실상을 깨닫고 나면
하지 말라고 해도 그렇게 하게 됩니다.

사도 바울도 "내가 내 몸을 쳐 복종하게 함은 내가 남에게 전파한 후에 자신이 도리어 버림을 당할까 두려워함이로다"(고전 9:27)라고 말했습니다. 그는 자신이 이리 한가운데 있는 어린 양 같은 존재임을 알았던 것입니다.

영성일기를 쓰는 분들이 많아졌습니다. 잘하신 일입니다. 그러나 중요한 것은 일기를 쓰기만 하는 것이 아니라 24시간 예수님을 바라보는 마음을 갖는 것입니다.

20130322

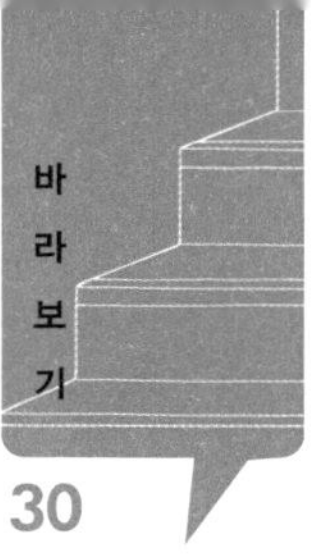

30

눈먼 자의 심정으로 삽시다

LOOKING UNTO JESUS

››› 앞이 보이지 않습니다. 갑자기 눈이 먼 사람이 된 심정입니다. 전에는 무언가 보이는 것 같았는데, 이제는 도무지 보이지 않습니다. 주님께서 하신 말씀이 저를 두고 하신 말씀인 것 같습니다.

"내가 심판하러 이 세상에 왔으니 보지 못하는 자들은 보게 하고 보는 자들은 맹인이 되게 하려 함이라"(요 9:39).

오늘도 오직 주님의 손만 더듬거리며 찾고 있습니다.

주님께서 내가 곧 길이라고 하신 말씀이 요즘처럼 실감되는 때가 없었습니다. 라오디게아교회에게 주님이 하신 말씀이 생각납니다.

"네가 말하기를 나는 부자라 부요하여 부족한 것이 없다 하나 네 곤고한 것과 가련한 것과 가난한 것과 눈먼 것과 벌거벗은 것을 알지 못하는도다 내가 너를 권하노니 내게서 불로 연단한 금을 사서 부요하게 하고 흰 옷을 사서 입어 벌거벗은 수치를 보이지 않게 하고 안약을 사서 눈에 발라 보게 하라"(계 3:17,18).

"내 눈에 안약을 발라주소서!"

그 심정으로 기도합니다. 하나님의 나라를 위하여, 민족의 통일을 위하여, 한국 교회의 부흥을 위하여 기도하려 해도 도무지 무엇을 기도해야 할지 알 수 없습니다. 무엇이 소중한지, 무엇이 급한지, 무엇이 복인지 알기 원합니다.

이렇게 갈급한 마음으로 주님을 찾고 찾을 때는 사람이 좀 보입니다. 사랑도 좀 보입니다. 용서가 보이고, 기쁨이 느껴지고, 감사가 느껴집니다. 무엇보다 어디로 가야 하는지 조금씩 보입니다.

감리교 목회자 기도 모임 때, 한 사모님의 고백이 생각납니다. 자신이 왜 이렇게 힘들게 하는 교인들에게 얽매여 살아야 하는지 고통스러웠다고 합니다. 그런데 기도 중에 하나님께서 "내가 너를 사랑하는 것을 모르느냐?"라고 말씀하시더랍니다.

"하나님, 이것이 사랑인가요?" 하고 물었더니, 늘 혈기 부리는 교인 한 사람을 보게 하셨다고 합니다. '어떻게 저렇게 혈기로 사는가? 참 한심하다'고 생각했는데, 그때 주님이 "내가 너를 사모로 내 옆에 묶어 두었기에 너는 혈기를 부려도 하루를 넘기지는 않지 않니?" 하시더랍니다.

또 도무지 용서하지 못할 것 같은 교인 한 사람을 보여주시고는 다시 십자가를 보여주시면서 이렇게 물으셨습니다.

"그가 네게 잘못한 것이 크니, 네가 내게 잘못한 것이 크니?"

"주여, 용서하고 말고도 없습니다. 모든 것이 주님의 은혜입니다."

그렇습니다. 영적인 눈이 뜨이면 모든 것이 다 달라집니다. 전에는 눈이 밝은 사람이 부러웠으나 이제는 앞이 안 보이는 것이 차라리 안심입니다. 아브라함의 조카 롯이 소돔과 고모라로 간 것은 세상눈이 밝았기 때문이 아닙니까?

어느 교회 중고등부 여학생 한 명이 자살한 일이 있었습니다. 누가 농담처럼 던진 한마디 말 때문이었습니다.

"넌 어떻게 그런 못생긴 얼굴로 돌아다니니? 다른 사람 생각도 해야지!"

이 여학생은 그 말을 농담으로 웃고 넘길 수 없는 마음을 가진 자매였습니다. 교회를 나와도 고개를 못 들고 지냈습니다. 남에게 혐오감을 줄까 봐…. 그러다가 자살했습니다. 아직도 누가 그 말을 했는지 모릅니다. 어쩌면 그 말을 한 사람도 자기가 그렇게 말했는지 모를 수도 있을 것입니다. 그래서 더 심각합니다.

'나는 이 점에서 자유한가?'

우리는 사랑하는 사람도 말로 죽이며 삽니다. 부모가 자녀에게, 자녀가 부모에게 피가 나도록 상처를 입혔다면 눈물 흘리며 마음 아파할 것입니다. 그러나 말로 준 상처는 대수롭지 않게 여기고 넘어갑니다. 보지 못하기 때문입니다.

여러분, 여전히 죄 많은 사람, 가시 같은 사람, 문제 많은 사람이 보입니까? 말 한마디도 조심스럽습니다. 쉽게 판단하지 말고 "예수님,

제 눈을 열어 주님의 눈으로 사람을 보게 해주옵소서" 하고 기도해야 합니다.

잔느 귀용(Jeanne Guyon) 부인은 죽음의 문턱까지 갔다고 할 만큼 중병을 앓고 난 다음, 세상 모든 것이 얼마나 허무한 것인지 깊이 깨달았습니다. 그리고 비로소 끈질기게 붙잡고 있었던 자아를 내려놓을 수 있었다고 했습니다. 하나님의 말씀과 주님께 완전히 순종할 용기도 가지게 되었습니다. 하나님의 사랑으로 완전히 만족하게 되었고, 하나님을 기쁘시게 해드리고 싶은 마음으로 간절하게 되었다고 했습니다.

우리는 천국과 지옥이 갈라지는 길을 계속 살아가고 있습니다. 앞은 보이지 않지만, 천 길 낭떠러지 절벽 길을 걷고 있다고 생각해야 합니다. 그 심정으로 예수님을 찾고 "주여, 나의 눈을 열어 보게 하옵소서"라고 기도하며 살아야 합니다. 이것이 진정 예수님을 믿고 의지하는 자세입니다.

20130406

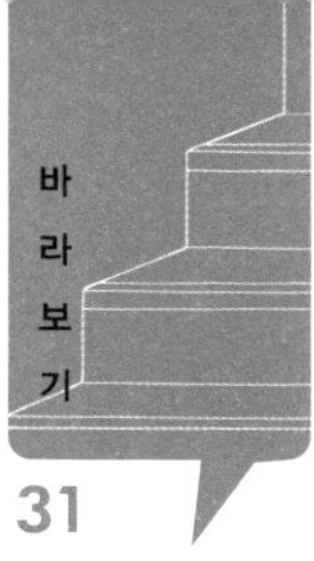

31

우리의 기도도 주님이 하십니다

LOOKING UNTO JESUS

››› 오늘 교회에서 금식 기도 성회로 모입니다. 주님께서 기도할 마음을 부어주시기 때문입니다.

"여자들과 예수의 어머니 마리아와 예수의 아우들과 더불어 마음을 같이하여 오로지 기도에 힘쓰더라"(행 1:14).

나는 죽고 예수로 사는 사람에게 가장 놀라운 변화 중 하나가 기도의 변화입니다. 기도는 우리의 영적인 상태를 그대로 드러내줍니다. 아이들이 어른 흉내를 낼 수 있습니다. 애늙은이도 있습니다. 그러나 결국 나이가 드러납니다. 영적으로도 마찬가지입니다. 나이나 직분에 상관이 없습니다. 기도를 녹음하여 들어보면 그가 영적으로 어느 정도 나이인지 다 드러납니다.

기도는 누가 하는 것입니까? 내가 하는 것입니까? 주님이 하시는 것입니까? 기도도 "주님이 하셨습니다!"라고 할 수 있을까요? 예수님으로 살지 않을 때 기도는 자기가 하는 것이고, 문제가 기도의 중심이며,

응답만을 바라보고 기도합니다. 그러나 '나는 죽고 예수로 사는 사람'의 기도는 예수님이 중심이며 기도도 주님이 인도하십니다. 그래서 기도도 "주님이 하셨습니다"라고 고백하게 됩니다.

십자가를 통과하지 못한 사람은, 기도를 자신을 위하여 뭔가 얻기 위한 수단으로 여깁니다. 그래서 기도에 실망하고 하나님을 원망하는 것입니다. 우리는 너무나 자주, 기도하면서 하나님과 논쟁합니다.

"하나님, 왜 기도 응답해주지 않으세요? 하나님, 이렇게 해주셔야 하잖아요? 하나님, 왜 이 모양이에요?"

하나님 앞에서는 결코 그렇게 기도할 수 없습니다. 하나님을 뵙지 못하니 그런 기도가 나오는 것입니다.

우리가 기도하면서 영적으로 허탈해졌다면 우리가 응답받으려 기도했지 주님과 하나가 되는 것을 원했던 것이 아니었다는 사실을 보여줄 뿐입니다. 만일 우리가 응답을 원하여 기도한다면, 우리는 하나님과의 관계에서 허탈감을 느낄 수 있습니다.

어린아이들이 선물을 목적으로 아빠 엄마를 바라본다면 그렇게 귀한 부모님에게 늘 불만족이듯이 말입니다.

기도는 우리가 하나님을 가까이하고
하나님과 대화하고
하나님과 온전하게 하나가 되는 것입니다.
기도 응답은 선물일 뿐입니다.
기도는 하나님이 잘 알지 못하시기 때문에

우리가 무엇인가를 알려드리는 수단이 아닙니다.
오히려 하나님께서 우리에게 주기 원하시는 것을
주시기 위해서 사용하시는 수단입니다.

예수께서 놀라운 말씀을 하셨습니다.

"너희가 내 이름으로 무엇을 구하든지 내가 행하리니 이는 아버지로 하여금 아들로 말미암아 영광을 받으시게 하려 함이라"(요 14:13).

많은 사람들에게 이 말씀은 매우 어리석게 보입니다. '예수님이 우리의 기도에 따라 행하신다니!' 너무나 위험한 일입니다. 그러나 예수님이 우리 안에 오셨고 나의 생명이요 주님이시라면 의미가 전혀 달라집니다. 우리 안에 오신 예수님이 우리의 기도를 인도하시는 것입니다. 그래서 기도하는 사람이 가장 먼저, 가장 많이 놀랍니다. 자신의 기도가 아닌 기도가 나오기 때문입니다.

하나님께서 여러분에게 주시는 기도의 감동은 무엇입니까? 하나님께서 기도하게 하시는 기도 제목이라고 느껴지는 것이 있다면 써보세요. 하나님께서 어떤 일을 하시고자 하시는지 그것을 기도할 마음을 통하여 깨닫게 됩니다.

우리에게 중요한 것은 주님과의 지속적인 친밀함입니다. 그러므로 자신의 삶 속에 일어났던 중요한 영적 사건들을 돌아보시기 바랍니다. 회심, 기도, 회개, 결단, 성령의 만지심, 말씀의 은혜, 좌절과 회복 등 계속 주님을 향해 나아가야 합니다. 그러면 오순절 마가 다락방의 성령의 체험이 일어납니다.

영적 회복의 주기를 짧게 해야 합니다. 넘어서고 일어서는 습관적인 반복에서 탈피해야 합니다. 영적 기복이 없을 수 없지만 계속하여 위로 더 나아가야 합니다. 신앙 공동체가 얼마나 중요한지 알아야 합니다. 함께 기도하는 이들이 얼마나 귀한지 모릅니다.

오늘 금식 성회 때 누릴 주님과의 깊은 친밀함을 기대합니다.

20130613

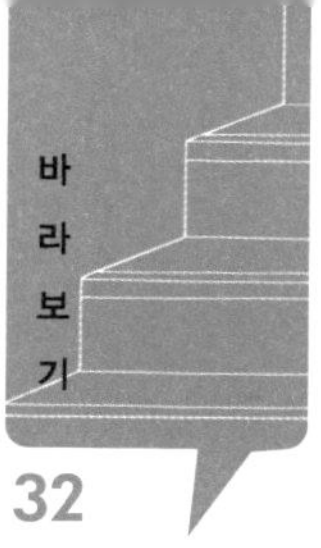

32

라일이 던지는 돌직구

LOOKING UNTO JESUS

››› J. C. 라일(John Charles Ryle)은 찰스 스펄전(C. H. Spurgeon)과 함께 19세기 영국 설교자들을 이끌었던 쌍두마차라 불리었던 청교도의 영성을 소유한 지성적 목회자입니다. 그는 세례받고 교인으로 등록하였다면 자동으로 거듭난 사람이 되고 천국 백성이 된다고 여겼던 당시 영국 교회에, 하늘에서 떨어진 거룩한 폭탄과 같은 존재였습니다.

라일은 철저한 청교도적 개혁주의자로서 복음적 교리를 신봉하며 원칙과 소신을 굽히지 않았습니다. 그의 설교와 책의 중심 주제는 항상 복음, 곧 사람을 회개시켜 구원을 얻게 하는 일이었습니다. 그는 성령의 사람이기도 했습니다. 그는 개인의 심령부흥, 교회의 부흥이 성령으로만 가능함을 믿어 늘 성령의 불을 구하였습니다.

그는 골로새서 3장 11절을 본문으로 한 "그리스도가 전부이시다"(Christ is All)라는 설교에서 이렇게 말했습니다.

"안타깝게도 구원에 이르는 믿음이 없고 그리스도와의 진정한 사귐이 전혀 없는 게 분명한데도 죽으면 '천국에 갈' 거라고 말하는 사람들이 많습니다. 하지만 이런 사람들은 천국에 거의 적합하지 않습니다.

여러분들은 이 땅에서 그리스도를 높이지 않습니다.
여러분은 그분과 전혀 교통하지 않습니다.
여러분은 그분을 사랑하지 않습니다.
슬픈 일입니다!
여러분이 천국에서 무엇을 할 수 있겠습니까?
천국은 결코 여러분을 위한 곳이 아닐 것입니다.
천국의 기쁨은 결코 여러분을 위한 기쁨이 아닐 것입니다.
천국의 행복은 여러분이 들어갈 수 없는 행복일 것입니다.
천국의 일은 여러분의 마음에 따분하고 부담스러울 것입니다.
너무 늦기 전에 회개하고 변화를 받으십시오.
천국에 대한 가장 확실한 준비는 예수님과의 교제임을."

J. C. 라일의 설교는 세례받고 교회만 다니면 천국은 갈 것이라고 생각하는 사람들에게 던지는 돌직구이기도 하고 거룩한 폭탄이기도 합니다.

분명한 것은 천국은 단지 우리에게 주시는 하나님의 선물만이 아니라는 것입니다. 오직 예수 그리스도만이 최고의 즐거움이 되시는 곳입니다. 우리는 이 세상에서 살면서 주 예수님이 최고의 즐거움이 되는 사람으로 준비되어야 합니다.

사도 바울은 그러했습니다.

"또한 모든 것을 해로 여김은 내 주 그리스도 예수를 아는 지식이 가장 고상하기 때문이라 내가 그를 위하여 모든 것을 잃어버리고 배설물로 여김은 그리스도를 얻고 그 안에서 발견되려 함이니"(빌 3:8,9).

우리가 예수님을 아는 것이 너무 좋아 모든 유익하던 것들이 배설물처럼 여겨지는 데 익숙하지 않다면 천국에 간다고 그곳이 좋아질까요? 그래서 오늘 더욱 간절히 24시간 주 예수님을 바라보며 살고 싶은 것입니다.

20130629

2013.04.02

페이스북에 매일 글을 올리는 심정이
마른 우물의 바닥을 긁는 심정입니다.

글을 올린 후, 한숨이 나올 때가 있습니다.
'내일은 어떤 글을 올리지? 이젠 그만둘까?'

결국 칼럼에 쓸 만한 거리가 어디 없나 찾게 되고,
눈에 띄는 것이 있으면 모으게 됩니다.

그러다가 '내가 왜 쓸데없는 일을 하고 있나?
칼럼을 내가 쓰려고 해서 시작한 것도 아니고
주님이 쓸 마음을 주셔서 시작했는데,
쓰게 하셨으면 쓸 것을 주시겠고,
쓸 것이 없으면 안 쓰면 되지' 하는 생각을 했습니다.

그래도 주님이 칼럼에 써야 할 것을
왜 여유 있게 주시지 않고
매일매일 하나씩 주시는지 답답했습니다.

그러다가 유재덕 교수의 《삶을 변화시키는 소울 카페》에
소개된 일화와 유 교수님의 글을 읽고
깨달아지는 것이 있었습니다.

2차 세계대전이 끝나갈 무렵 승리한 연합군은
먹을 것을 배급하며 전쟁고아들을 보살폈습니다.
그런데 먹을 것을 넉넉히 나눠주고
군인들이 정성껏 돌보는데도
아이들이 편히 잠을 청하지 못했습니다.
아이들은 계속해서 두려워했고
신경이 극도로 예민해 있었습니다.

결국 군인들은 정신과 의사에게 자문을 구했는데,
의사가 한 가지 방법을 제안했습니다.
아이들이 잠자리에 들 때마다
빵을 한 개씩 배급하라는 것이었습니다.
그 빵은 먹지 않고
단지 밤새 머리맡에 놓아두는 빵이었습니다.

그 빵은 놀라운 결과를 가져왔습니다.
아이들이 내일도 먹을 빵이 있다는 것에 안심하고
깊은 잠을 잘 수 있었다는 것입니다.

유재덕 교수는 그 글을 읽고
갑자기 오병이어(五餠二魚)의 기적 뒤에
사람들이 배불리 먹고 남은 음식이

열두 바구니나 되었다는
성경 기록이 생각났다고 합니다.

'넉넉하지 않은 살림에, 다시 먼 길을 돌아
집으로 가야 하는 사람들이 음식을 다 먹거나
가져가지 않은 이유가 무엇이었을까?
기적을 현실로 만들고
부족하면 언제든지 채우실 수 있는
예수님이 함께하셨기 때문이 아니었을까?'

그렇습니다.
주 예수님을 정말 바라볼 수 있다면
허둥댈 필요가 없을 것입니다.
모아두어야 안심이 되는 마음은
주님의 마음이 아니었습니다.

이스라엘 백성들이 만나로 매일매일 살면서
진정 하나님을 믿고 의지하는 훈련을 받은 것처럼,
주님은 저에게
페이스북 칼럼 쓰는 일을 통해
24시간 주님 바라보는 훈련을
시키고 계심을 알았습니다.

그러고 보니 소알까지 온 땅에
물이 넉넉한 지역으로 간 롯은 망하고,
하늘로부터 때를 따라 내리는
비를 의지해야 했던 헤브론 산지에 남은
아브라함은 복을 받았습니다.

모세도 관개수로가 잘 정비되어 있는 애굽의 농경지보다,
순전히 하늘과 기후에 의지하여 농사짓는
가나안 땅이 더 좋은 땅,
"젖과 꿀이 흐르는 땅"(신 11:9-12)이라고 했습니다.

천수답(天水畓)이란 높은 산 같은 곳에 만들어져
비가 와야만 농사를 지을 수 있는 전답을 말합니다.
주님은 제게 '천수답 신앙'을 갖기 원하시는 것 같습니다.

매 순간 주님을 바라보고,
때를 따라 주시는 은혜를 믿고,
오직 예수님 한 분이면 충분함을 확신하라는 것입니다.

오늘도 주님이 주시는 오늘의 은혜를 바라봅니다.

우리 주님께서 우리를 부르신 목적은 예배나 기도 시간뿐만이 아니라 매일 매 순간 우리가 살아가는 모든 삶의 자리에서 주님과 동행하며 죄를 이기며, 감사와 기쁨, 용서와 사랑의 삶을 살도록 하기 위해서입니다.

담벼락 둘,

동행

주님과 친밀해야 동행할 수 있습니다

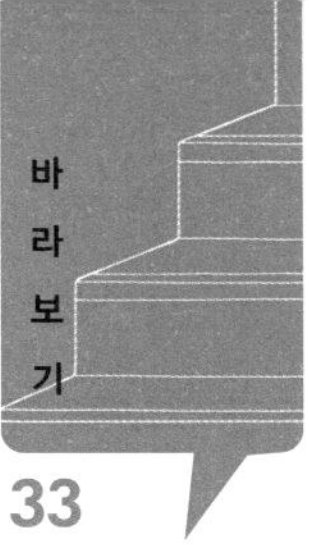

33

예수님과 함께 사시나요?

L O O K I N G U N T O J E S U S

››› 이번 호산나교회 특별새벽 기도회 때 전한 말씀은 우리가 예수님을 믿을 때 누리게 되는 행복과 부유함이었습니다.

다윗은 "여호와는 나의 목자시니 내게 부족함이 없으리로다"(시 23:1)라고 고백했습니다. 사도 바울은 "어떠한 형편에든지 나는 자족하기를 배웠노니 나는 비천에 처할 줄도 알고 풍부에 처할 줄도 알아 모든 일 곧 배부름과 배고픔과 풍부와 궁핍에도 처할 줄 아는 일체의 비결을 배웠노라"(빌 4:11,12)라고 고백했습니다.

안타까운 것은 예수님을 믿으면서도 다윗처럼 행복하고 부유하지 못한 이들이 많다는 것입니다. 그것은 예수님을 믿지만 예수님 안에 거하는 법을 모르기 때문입니다.

예수님은 제자들에게 처음에는 "나를 따르라"고 하셨습니다. 그러나 승천하시기 전에는 "내 안에 거하라"고 하셨습니다. 예수님을 따르는 것과 예수님 안에 거하는 것은 사실 같은 의미입니다. 예수께서 육신으로 계실 때는 제자들이 예수님을 따른다고 해야 이해하기 쉬웠을 것입니다. 그러나 승천하신 후, 성령으로 우리 안에 임하신 주님과의 관계는 "주님 안에 거한다"라고 하는 것이 더 이해하기 쉬운 차이였을 뿐입니다.

그러나 많은 그리스도인들과 사역자들이 예수님을 따르면서도 예수님 안에 거하지는 못하고 있습니다. 예수님을 따르라는 말씀은 중요하게 생각하지만 예수님 안에 거하라는 말씀에 대하여는 솔직히 잘 알지 못합니다. 많은 그리스도인들이 예수님을 구주로 영접했고, 주(主)를 위하여 열심히 사역도 하지만 여전히 무엇인가 부족함을 느낍니다. 십자가의 속죄의 은혜를 믿고 하나님의 자녀 된 권세가 주어졌음에 감사하면서도 정작 예수님과의 친밀한 교제에 대하여는 낯설어 하는 것입니다.

많은 그리스도인들이 주님의 구원 초청을 들었을 때 얼마나 황홀했으며 얼마나 감격스러웠습니까? 그러나 시간이 흐르면서 구원의 감격은 사라지고, 사랑과 기쁨은 희미해지고, 실망과 불평이 늘어갑니다. 이것이 우리에게 독생자를 주신 하나님 아버지의 뜻이며 우리를 위하여 십자가를 지신 예수님이 의도하신 것일까요? 아닙니다. 결코 그럴 수 없습니다.

그런데 왜 많은 그리스도인들이 영적으로 메말라 있습니까? 원인은 믿어지지 않을 정도로 간단합니다. 우리가 예수님을 따르려 하면서도 예수님 안에 거하는 것을 모르기 때문입니다.

그동안 교회가 죄에 대한 회개, 속죄에 대한 확신, 의롭다 함을 얻은 은혜에 대해 가르치는 일에만 너무 집중하느라 예수 그리스도 안에 거하는 것과 주님과의 연합과 매 순간 그분의 임재와 돌보심을 경험하는 것에 대하여 거의 가르치지 못했기 때문입니다.

만약 우리가 처음 예수님을 믿기로 한 사람들에게 예수님 안에 거하는 법을 가르쳤다면 그들은 큰 기쁨으로 받아들였을 것입니다. 그리고 그 결과 그들의 삶에 정결함과 능력, 사랑과 기쁨, 복음전도의 열매가 풍성히 맺어졌을 것입니다.

우리 주님께서 우리를 부르신 목적은 여전히 죄의 종노릇하고 세상에서 지치고 낙담하며 살다가 잠깐 예배나 기도 시간에 회복되어 새 힘을 얻고 위로를 받고, 다시 훨씬 더 오랜 시간 세상에서 힘들어하며 살아가도록 하는 데 있지 않습니다. 예배나 기도 시간뿐만이 아니라 매일 매 순간 우리가 살아가는 모든 삶의 자리에서 주님과 동행하며 죄를 이기며, 감사와 기쁨, 용서와 사랑의 삶을 살도록 우리를 부르셨습니다.

왕궁으로 오라는 초청을 받았다면,
왕궁 문을 보라고 부르신 것이 아니라
왕궁 안에 살도록 부르신 것입니다.
예수께서 "내게로 오라"고 우리를 부르신 것은
예수님과 함께 살자고 부르신 것입니다.
만약 왕궁으로 초청을 받고도 왕궁 문 앞에만 왔다가

돌아가는 자가 있다면 너무나 안타깝듯이,
많은 그리스도인들이 주님의 부르심을 받고도
예수님에 대하여 아는 정도에서 그치고
예수님과 함께 사는 것을 모르는 것은
너무나 안타까운 일이 아닐 수 없습니다.

24시간 예수님을 바라봅시다. 그래서 예수님 앞에 나아가는 것만이 아니라 주님과 함께 행복하고 부유한 삶을 누리시기를 축복합니다.

20120830

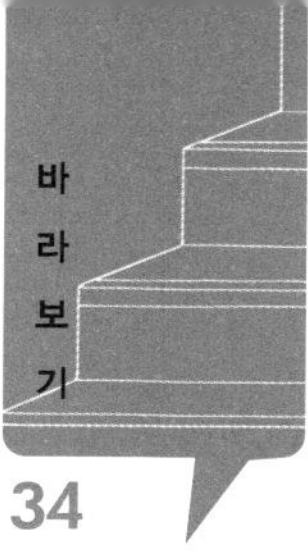

34

주님 안에 거하기

LOOKING UNTO JESUS

››› 경주에서 정말 행복한 하루를 보냈습니다. 부산에서 목회하시는 주인백 목사님과 고인자 사모님, 정찬석 목사님과 오진 사모님 그리고 김승회 목사님과 김선혜 사모님과 함께 1박2일 수양회를 가졌습니다.

만나기만 해도 행복한 이 느낌이 무엇일까요? '친밀함'입니다. 힘들고 어렵던 일도 함께 겪고, 기쁘고 감사한 순간도 함께 누렸던 때가 있었습니다. 그 후 평생의 동역자요 위로자가 되었습니다.

우리가 주님으로부터 받은 속죄의 은혜는 대단한 것입니다. 그것은 우리의 목을 적시는 생수와 같은 것이었습니다. 우리가 주님 안에 거할 때, 우리는 은혜의 강물을 경험하게 됩니다.

언제부터인가 예배나 기도 중에 누리는 은혜가 예전만 못하고, 주(主)를 위하여 기쁨으로 헌신하였던 봉사와 사역이 힘들게 느껴지고 지치셨습니까?

예수님 안에 거함이 없었기 때문입니다.

"사람이 내 안에 거하지 아니하면 가지처럼 밖에 버려져 마르나니 사람들이 그것을 모아다가 불에 던져 사르느니라"(요 15:6).

많은 그리스도인들이 예수님 안에 거하는 것이 어려운 일일 거라고 생각합니다. 예수님이 포도나무이시고 우리는 가지라는 말씀은 좋아하면서도 그것이 실제 자기에게 이루어질 수 있다고는 믿지 않는 것이 참 안타까운 노릇입니다. 우리에게 필요한 것은 오직 예수께서 우리와 친밀한 관계를 맺고 살기 원하심을 믿는 것입니다.

예수님은 단순히 "내게로 오라"고만 하지 않으시고 "내 안에 거하라"고 하셨습니다. 우리는 예수님이 "내 안에 거하라" 하신 말씀이 얼마나 진실한지, 또 우리에게 이 축복이 얼마나 필요한지, 그리고 그 축복이 얼마나 놀라운지를 알아야 합니다.

우리가 해야 할 일은 간단합니다.

"내 안에 거하라 나도 너희 안에 거하리라"(요 15:4).

주님의 이 약속과 권면을 정말 믿고 주님 안에 거하는 일을 시작하는 것입니다.

물론 주님 안에 거하는 것이 무엇인지 경험해보지 못한 상태라면, 처음에는 물 위를 걷는 것 같은 결단과 도전이 필요합니다. 자신의 죽음을 받아들여야 합니다. 이것이 준비되지 못하여 주님 안에 거하려는 시도조차 하지 않는 것입니다.

꾸준함도 인내도 필요합니다. 왜냐하면 그동안 우리는 워낙 우리 마음대로 살아왔기 때문에 주님 안에 거하는 삶이 익숙해지기까지 약간은 시간이 필요한 것처럼 보입니다. 단, 주님이 우리에게 다가오지 않으셔서 그런 것은 결코 아닙니다.

예수님을 진정 내 마음의 왕으로 모셔야 합니다. 예수님이 기뻐하시지 않는 것은 마음에 품지 않는 것입니다. 그러면 곧 주님이 우리 안에 임하신 것을 알게 됩니다. 주님이 말씀하시고 인도하심을 경험하게 됩니다. 죄가 우리를 지배하지 못하게 주님이 우리 마음을 지켜주십니다. 예수님이 포도나무요 우리는 가지가 됨을 알게 하십니다. 우리를 통하여 주님의 역사가 나타나게 됩니다.

결국 우리는 주님 안에 거하는 자에게 약속하신 축복이 얼마나 놀라운지 깨닫고 감사하게 되며, 다른 이들에게도 적극적으로 권하게 됩니다.

우리는 흔히 주일예배에 빠지지 말고, 교회의 모든 집회에 참석하기를 힘쓰고, 날마다 새벽 기도를 하고, 말씀을 묵상하라는 권면을 받습니다. 매우 중요한 권면입니다. 그러나 그 본질을 이해해야 합니다. 그렇지 않으면 그 역시 율법적인 신앙생활로 전락할 수 있습니다.

중요한 것은 예배나 기도나 성경 읽기가 아닙니다. '예수님'입니다. 24시간 예수님을 바라보는 가운데 예배도 기도도 성경 읽기도 중요한 것입니다. 만약 예수님 안에 거하지 않는다면 예배도 기도도 성경 읽기도 종교생활에 그칠 것입니다.

우리가 24시간 예수님을 바라보면 꼭 예배나 기도 시간이 아니더라도 가정이나 직장에서 일을 할 때도, 길을 걸을 때에도 주님을 친밀히 경험하고 주님과 동행하게 됩니다.

함께했던 목사님 내외분들과의 친밀함이, 처음부터 우리 이제부터 친하게 지내자고 해서 이루어진 것이 아닙니다. 그저 매일 서로 만나고 함께 사역했던 기간이 우리를 친밀하게 만들었습니다.

주님과의 친밀함도 마찬가지입니다. 오늘도 주님을 바라보며 하루를 살아보시기 바랍니다. 그리고 일기를 통하여 그것을 매일 점검해 보십시오. 여러분 모두 예수님 안에 거하는 놀라운 은혜를 누리시기 바랍니다.

20120831

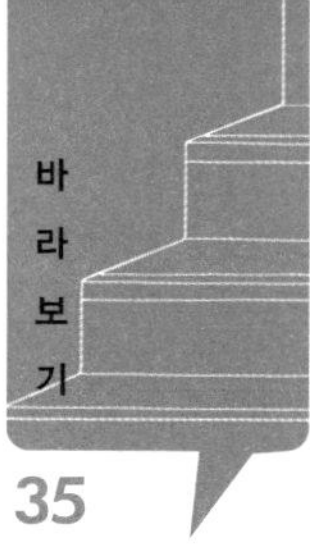

진정한 성령충만의 역사

LOOKING UNTO JESUS

››› 혹 여러분 중에 "나도 성령충만을 갈망하며 뜨겁게 기도하는데도 영적 회복과 성령의 충만함을 누리지 못합니다"라며 답답해하는 분이 계십니까? 그렇다면 영적 기복이 심하기 때문일 것입니다.

마가 다락방의 성령강림은 열흘간의 기도로 이루어진 것이 아닙니다. 120문도는 예수님의 제자로 3년을 지냈고, 십자가와 부활의 사건을 경험하였고, 예수님이 승천하신 것을 보았습니다. 그리고 열흘간 기도한 것입니다. 물론 제자들에게도 영적 기복이 있었습니다. 그러나 의미 있는 영적 사건이 연속되었던 것입니다. 성령의 역사에는 이처럼 연속되는 영적 사건들이 중요합니다.

이전에 성령의 역사가 강하였던 시절이 있었습니다. 그때는 집회가 열린다고 하면 솥과 쌀을 싸가지고 참석하였습니다. 찬양하고 기도하고 말씀 듣고 또 기도하고, 그러다가 나와서 밥해 먹고 집회 사이사이에는 성경 읽고, 저녁 집회까지 끝나면 예배당 바닥에서 철야하며 집회에 참석하다가 하루가 지나고 이틀이 지나면서 강력한 성령의 역사를 경험했던 것입니다.

한마디로 성령께서 역사하실 만한 마음이 준비되어 갔던 것입니다.

누구에게나 영적인 기복이 있습니다. 없을 수는 없습니다. 그러나 중요한 것은 영적 회복의 주기(週期)가 짧아지게 해보라는 것입니다.

영적 회복의 주기가 길어지면 말씀을 듣고 은혜받고 간절히 기도하지만, 그런 간절한 상태가 이어지지 못한 채 이런저런 바쁜 일상생활로 인하여 끊어졌다가, 한참 지나서 다시 간절히 기도하다가 성령님의 역사를 경험하여도 겨우 회복되는 수준에 그치거나 거기에도 미치지 못하는 경우가 있습니다. 그래서 정작 정말 강력한 성령의 역사를 경험하는 데 어려움이 있습니다. 우리의 마음 상태가 주님보다는 세상의 영향을 더 많이 받은 상태가 지속되기 때문입니다.

이것이 반복되면 결국 주님의 은혜의 자리로 나아가고자 하는 갈망 역시 사라지게 됩니다. 그러곤 "요즘은 은혜가 안 돼!", "이제는 부흥의 때가 지났나 봐!"라는 말을 하게 됩니다. 자신의 마음이 준비되지 못한 것은 생각하지 못하고 은사가 강하게 나타나는 사역자나 은혜롭게 설교한다고 소문난 목회자에게로 몰려가는 것입니다. 하지만 그 결과는 비슷합니다. 집회 때는 큰 은혜가 있는 것처럼 여겨지지만 집회가 끝나고 일상생활로 돌아오면 그 뜨거움이 금세 식어집니다. 진정한 성령 충만의 역사란 사역자에게 달린 것이 아니기 때문입니다.

한두 번의 강력한 성령 체험이나 감동적인 설교를 듣는다고 그것이 성령충만이 아님을 알아야 합니다. 중요한 것은 주님을 바라보는 상태가 계속 이어지는 것입니다. 그때 성령님을 통하여 우리가 예수님과 온전히 하나 되는 은혜를 누리게 되는 것입니다.

제가 영성일기를 통하여 얻는 유익은 빠른 영적 회복이 일어난다는 것이고, 소소한 일상생활 중에서도 큰 은혜를 경험한다는 것입니다. 저는 지난 주일 이후 며칠째 몸 상태가 좋지 않았습니다. 장거리 여행과 주일의 과중한 사역, 선교사님의 순교 소식 등으로 인한 후유증을 앓는 것 같았습니다.

그런데 주님 안에 거하는 중에 주님은 저를 속히 다시 일으켜주셨습니다. 24시간 예수님을 바라보는 것이 그래서 중요합니다. 여러분 중에 마음과 몸이 힘들어 지친 분이 있다면 오늘도 오직 주님 안에 거하시기 바랍니다.

20120829

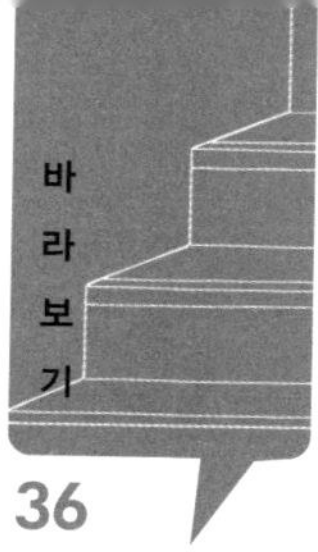

36

실낱같아 보이는 은혜의 소중함

LOOKING UNTO JESUS

››› 주님을 향한 갈망이 정말 간절한데, 주님은 실낱같이 역사해주시는 것 같아 답답해하시는 분들이 계십니다. 그 답답한 심정을 충분히 이해할 수 있을 것 같습니다. 제가 그러했기 때문입니다. 그러나 주님의 역사가 실낱같으면 실낱같은 대로 소중하다는 것을 알아야 합니다.

저는 "나를 믿는 자는 성경에 이름과 같이 그 배에서 생수의 강이 흘러나오리라"(요 7:38) 하신 말씀을 붙잡고 이런 말씀 사역자가 되게 해달라고 기도했었습니다. 그러나 제 설교 사역은 언제나 실망스러웠습니다. 저는 '언제나 나는 생수의 강이 흘러나오는 것 같은 설교를 해볼 수 있을까?'라며 낙심하고 있었습니다. 그때 저는 주님이 제게 그런 은혜를 주지 않으셨다고 생각했습니다.

그러나 이제야 깨달아지는 것이 있습니다. 주님께서 제 설교 사역을 통하여 생수의 강처럼 역사하실 수 없었던 것은, 주님이 제게 실낱같이 역사해주실 때, 제가 주님이 제게 허락하신 실낱같은 은혜만을 전하지 않았기 때문이라는 것입니다.

제가 설교 준비를 하며 받은 은혜가 실낱같을 때 주님이 주신 말씀에 충실하기보다는, 유명한 설교자가 되고 교인들에게 인정받고자 하는 헛된 욕심으로 여러 가지 책, 설교집, 다른 설교자들로부터 듣고 읽은 말씀을 섞어서 설교했습니다. 주님이 주신 말씀은 고작 5분 설교인데도 저는 30분도 하고 1시간도 설교했습니다.

저는 그것이 열심히 설교 준비하는 것이라고 생각했습니다. 그러나 그렇게 함으로 주님께서 저를 통하여 생수의 강처럼 말씀하실 수 없는 자가 되어가고 있다는 것을 그때는 몰랐습니다. 저는 항상 설교에 대하여 좌절했고, 아무리 설교를 해도 교인들이 변하지 않는다고 교인 탓을 했습니다.

그래서 이제부터라도 주님이 실낱처럼 말씀을 주시면 실낱만큼, 샘물처럼 주시면 샘물만큼 전하려고 합니다. 설교를 준비할 때 주님이 말씀 주실 것을 믿고 기다리며 또 그대로 전하는 훈련을 하고 있습니다.

제게 얼마만큼 말씀 사역의 기회가 주어질지 모르지만 지금부터라도 바른 말씀 사역을 훈련하다보면, 주님께서 '강처럼' 역사하실 때 한번이라도 쓰임받을 수 있었으면 좋겠다는 소원이 있습니다. 부끄럽지만 솔직한 제 소원입니다.

주님께서 실낱같이 역사하신다면 그 자체로 중요하고 감사할 일입니다. 우리가 할 일은 오직 하나, 실낱같아 보이는 은혜에 반응하는 것입니다. 그다음에는 샘물처럼, 그다음에는 강처럼 주님은 역사해주실 것입니다.

오늘도 범사에 감사하며 주님과 동행하시기 바랍니다.

20120901

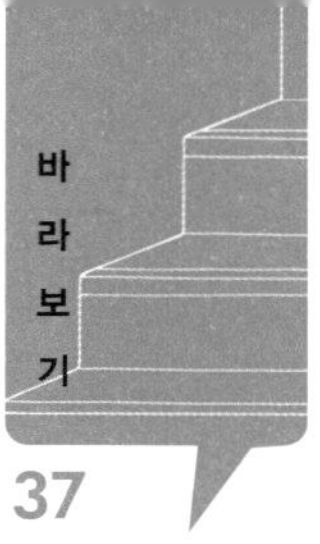

영적 영향력을 무시하지 마십시오

LOOKING UNTO JESUS

››› 서울에서 큰 교회를 담임하고 있는 어떤 목사님의 이야기를 들었습니다. 그 분은 목사가 되기 전에 고등학교 교사였는데, 하루는 훈육(訓育) 목적으로 문제 학생들을 불러다가 엎드리게 한 후 야구방망이로 엉덩이를 때렸다고 합니다. 그런데 그 순간 아이들을 때리면서 자신이 쾌감을 느끼고 있음을 알고 소스라치게 놀랐습니다.

"이게 뭐지?"

자신 안에 악마성이 있음을 깨달은 것입니다. 그날 그는 철야를 하기 위해 교회로 갔고 울며 회개했습니다. 그리고 이 일을 계기로 다음 해에 신학교에 들어갔다고 합니다.

하나님의 자녀라 해도 자기도 모르게 마귀 노릇을 할 때가 있습니다. 아니, 많습니다. 예수님도 제자들에게 폭탄선언을 하신 적이 있지 않습니까.

"내가 너희 열둘을 택하지 아니하였느냐 그러나 너희 중의 한 사람은 마귀니라"(요 6:70).

예수님께서는 가룟 유다에게 하실 말씀을 왜 모든 제자들 앞에서 하셨을까요? 다른 제자들에게도 필요한 교훈이었기 때문입니다. 실제로 수제자(首弟子)인 베드로까지 마귀 역할을 했던 적이 있었습니다.

일본 코스타가 열리고 있던 어느 날 저녁 집회 때였습니다. 갑자기 불쾌한 냄새가 번졌습니다. 누군가 소리 없이 실례를 한 것입니다. 은혜를 받던 사람들이 일순간 얼굴을 찡그리며 "누구야?" 하는 표정으로 서로 흘겨보기 시작했습니다. 그때 가장 혐의가 짙은 한 사람이 나타났습니다. 그의 얼굴만 태연했던 것입니다.

그런데 숙소로 돌아오면서 번뜩 이런 생각이 들었습니다.

'정말 그 사람이 당사자였을까? 혹시 그 사람만이 실례한 사람이 무안해할까 봐 아무렇지도 않은 척한 것은 아닐까?'

저는 그 순간 마귀의 솜씨를 보았습니다. 단순한 생리작용 하나만으로도 그 훌륭한 강사님들과 믿음 좋은 청년들의 마음을 순간적으로 지배한 것입니다.

마귀가 우리를 지배할 때는 가장 먼저 우리의 생각을 통해 역사합니다. 예수님께서 베드로를 책망하실 때 "네가 하나님의 일을 생각하지 아니하고 도리어 사람의 일을 생각하는도다"(마 16:23)라고 말씀하셨습니다. 요한복음에서는 "마귀가 벌써 시몬의 아들 가룟 유다의 마음에 예수를 팔려는 생각을 넣었더라"(요 13:2)라고 증거합니다.

우리는 영적 영향력을 무시하지 말아야 합니다. 아무 말이나 노래를 분별없이 듣는 것은 위험합니다. 그것은 곧 우리 영혼에 끈적끈적하게 들러붙습니다. 그래서 우리가 한번 잘못된 것에 붙잡히면 헤어나기 어렵습니다. 끈적거리는 것이 손에 묻었을 때 그것을 씻어내려고 얼마나 애를 씁니까? 영혼도 그와 같습니다.

대학입시를 위해 학생들이 낸 봉사활동 보고서가 허위로 드러나 문제가 된 적이 있었습니다. 이것에 대해 학생들은 "우리 어머니가 가서 다 찍어 와서 만들어줬어요"라고 답했습니다. 부모가, 자녀가 좋은 대학 들어가는 것만 알았지, 거짓말이 마귀의 자식을 만드는 무서운 일임을 모르는 것입니다.

"이는 그가 거짓말쟁이요 거짓의 아비가 되었음이라"(요 8:44).

"거짓말하는 모든 자들은 불과 유황으로 타는 못에 던져지리니 이것이 둘째 사망이라"(계 21:8).

슬프고 우울한 마음도 조심해야 합니다.

한 자매가 제게 메일을 보내왔습니다.

"목사님께 고백할 게 하나 있어요. 저는요, 목사님을 보면 아빠 생각이 너무 간절하게 나요. 아빠가 있었으면 이렇게 해주었을 텐데 하고 말예요. 어려운 일이 생기면 '아빠가 있었으면…' 하는 이런 어쩔 수 없는 아쉬움 때문에 마음이 힘들 때가 많아요."

저 또한 대학교 4학년 때 어머니가 돌아가셨습니다. 제 아내도 대학교 입학할 때 아버지가 돌아가셨습니다. 지금 돌아보니 육신의 부모님이 돌아가셨기에, 하나님을 좀 더 일찍 만나게 된 것 같습니다. 삶이 부정적이고 힘들게 여겨질 때, 마음을 더욱 잘 지켜야 합니다. 악한 영의 영향력에 대해 단호해야 합니다.

간음의 유혹을 받은 여 집사님이 도무지 마음을 잡을 수 없다고 했습니다. 그래서 제가 "'하나님, 저를 죽여주세요'라고 기도하십시오"라고 했더니, 그 집사님이 깜짝 놀라셨습니다. 우리가 진정으로 예수 그리스도를 바라보면 주님은 능히 우리를 마귀의 유혹에서 지켜주십니다.

"하나님의 아들이 나타나신 것은 마귀의 일을 멸하려 하심이라"(요일 3:8).

"하나님께로부터 난 자는 다 범죄하지 아니하는 줄을 우리가 아노라 하나님께로부터 나신 자가 그를 지키시매 악한 자가 그를 만지지도 못하느니라"(요일 5:18).

우리가 할 일은 매 순간 성령님께 순종하기만 하면 됩니다.

"너희는 성령을 따라 행하라 그리하면 육체의 욕심을 이루지 아니하리라"(갈 5:16).

어느 목사님께서 말씀하시길, 군(軍)에 입대해 제식훈련(制式訓練)을 받으면서 왜 이런 훈련을 이토록 오래 받아야 하는지 불평스러웠답니다.

"앞으로가! 뒤로돌아! 좌향좌! 우향우!"

그러나 왜 이 훈련을 하는지 나중에 깨달았다고 합니다.

전쟁터에서 총알이 빗발처럼 쏟아지는 가운데도
"앞으로가" 하면 앞으로 가야 하고, "뒤로돌아" 하면
뒤로 돌아야 군인이 아니겠느냐 하는 것입니다.
이 간단한 훈련이 군인 됨을 좌우한다는 것을 알았다고 합니다.
마찬가지로, 24시간 예수님을 바라보며 사는 훈련은
매우 중요합니다.
이는 요셉이 받은 훈련입니다.
우리 한 사람, 한 사람의 순종도 중요하지만,
교회 전체가 성령님께 순종할 수 있다면
얼마나 놀라운 일이 벌어지겠습니까?

가슴 떨리는 마음으로 기도합니다. 오늘도 예수 그리스도 안에서 모든 나쁜 습관과 버릇으로부터 자유해지시기를 축복합니다.

20121023

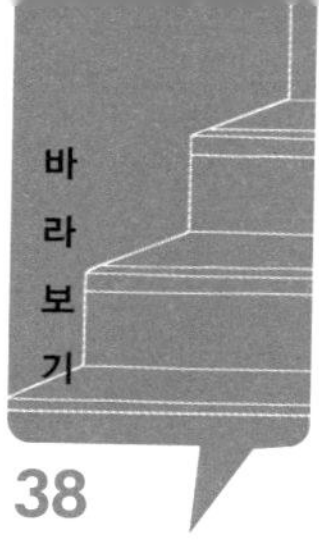

38

주 예수님만 더욱 바라봅니다

L O O K I N G U N T O J E S U S

››› 《잊혀진 명령 거룩하라》에서 윌리엄 맥도날드(William MacDonald)는 노르웨이의 극작가 입센이 들려준 이야기를 합니다.

하루는 피터진트가 정신병원을 방문했는데 병원에 있는 사람들이 아무도 미친 사람들 같지 않았습니다. 그들은 모두 분별력이 있었고 자신들의 장래에 대해 이야기하고 있었습니다. 그래서 그는 의사에게 그들이 전혀 미친 사람들이 아닌 것 같다고 말했습니다.

그 말에 의사가 대답했습니다.

"아닙니다. 그들은 미쳤어요. 그들이 다 분별력을 가지고 이야기하는 것은 사실입니다. 그러나 모두 자기 이야기들뿐입니다. 그들은 지적(知的)으로 자신에게 완전히 빠져 있는 자들입니다. 아침에도 점심에도, 그리고 저녁에도 오직 자기 자신뿐입니다. 맞습니다, 선생님. 그들은 분별력을 가지고 이야기합니다. 그러나 그들은 자신에게 미쳐 있습니다."

세상은 피터진트가 방문한 병원과 같습니다. 보기에는 정신이 온전한 것 같지만 가까이에서 보면 모두 자신에 미쳐 있습니다.

저는 감리교 총회에 참석하면서 여러 가지 골치 아픈 현안들을 다루어 가시는 감독회장님이 참 대단하시다, 수고하신다는 생각을 했습니다. 실무자들은 또 얼마나 고생을 했겠습니까? 감리교회의 규모가 크다보니 총회를 해도 가슴에 와 닿는 현안보다 골치 아픈 일들이 더 많습니다. 큰 것이 무조건 좋은 것이 아님은 분명합니다.

크면서도 주님이 기뻐하실 일을 하기는 정말 어렵습니다. 그러나 그것이 꼭 규모가 크기 때문일까요? 규모가 작은 공동체는 골치 아픈 일이 없을까요? 가장 작은 공동체인 가정에도 골치 아픈 일이 얼마나 많습니까?

문제는 우리가 너무 자기중심이기 때문일 것입니다. 우리가 주님을 바라보는 눈이 열리지 않는 것이 안타까운 일입니다. 우리 교회도 규모가 커지다보니 여러 가지 골치 아픈 현안들이 많고, 의사 결정도 복잡해지게 되었습니다. 대표 임원회가 있었을 때는 마음이 복잡했습니다.

우리가 당면한 문제가 대부분 교인들이 늘어나는 것 때문에 생겨난 것이었습니다. 그러나 교인이 줄거나 늘어서 생긴 문제가 중요한 게 아니라 이럴 때일수록 더욱 주님을 바라보아야 한다는 것을 깨달았습니다.

우리는 교인이 몇 명인가보다 나는 죽고 예수님으로 살며, 24시간 예수님을 바라보며, 예수님의 마음을 품은 교인이 몇 명인가에 관심을 가져야 할 것입니다. 골치 아픈 현안을 다루는 회의에서, 오히려 은혜충만할 수 있는 교회가 되었는지가 다뤄져야 하는 것입니다.

저는 설교 시간에 주님이 주신 마음을 간절히 전했습니다.

"회의 중에 주님은 우리 가운데 충만함을 허락해주셨습니다. 감사한 일입니다."

우리는 더욱 예수 그리스도와 친밀하고 연합된 그리스도인이 되어야 합니다. 이것은 한순간의 결심만 가지고는 안 됩니다. 꾸준한 실천이 필요합니다.

번지점프를 하는 이들을 볼 때마다 대단하다고 생각합니다. 번지점프 하는 원리야 얼마나 간단합니까? 뛰어내리기만 하면 되는 것입니다. 안전 교육을 받지만 초등학생도 다 알아들을 수 있는 내용입니다. 그러나 원리를 아는 것과 실제 뛰어내리는 것은 전혀 다른 문제입니다. 예수님과의 친밀함은 지식으로 아는 문제가 아니라 실제 시작해 보아야만 누릴 수 있는 문제입니다.

수류탄을 던질 때 안전핀을 뽑지 않고 던진다면 그것에 맞은 사람은 되게 아플 겁니다. 그러나 안전핀을 뽑아서 던지면 더 강력한 파괴력을 가집니다. 예수님에 대해 아는 것은 놀라운 은혜가 있습니다. 그러나 예수님과의 친밀한 삶은 안전핀을 뽑아 던진 수류탄처럼 엄청난 영향력이 있습니다.

로렌스 형제(Brother Lawrence)는

수도원 주방에서 허드렛일을 하는 수사였지만
하나님께서 그를 참 귀하게 사용하셨습니다.
그것은 그가 어떤 사소한 허드렛일을 하더라도
하나님과 친밀히 교제하며 했기 때문입니다.
물론 그 또한 모든 일을 다 자기가 계획하고
자기 힘으로 처리해나가는 사람이었습니다.
그러나 하나님과 친밀히 교제하게 되면서
어린아이 같은 단순한 모습으로
오직 하나님을 바라보며, 하나님을 사랑하며,
매 순간 인도해주시는 하나님께 감사드리며 일했습니다.

자신은 큰일을 할 수 없다고 여겼던 로렌스 형제는 주님과 교제하면서 주께서 뜻하신 것이면 무슨 일이든 감당할 수 있었습니다. 그는 아무 일도 염려하지 않고 오직 모든 것을 거저 주시는 하나님께 구했습니다. 그도 죄에 넘어질 때가 있었지만, 절대 놀라워하지 않았습니다. 그는 언제나 "그러면 그렇지. 이게 나인걸. 내가 할 줄 아는 유일한 일이지"라고 말하곤 했습니다.

"주님 없이는 저는 결코 이보다 더 나아질 수 없습니다. 저를 넘어지지 않게 지켜주시고 이 행한 죄로부터 돌이켜주옵소서."

그러고 나서 다시 평화롭게 하나님께 나아갈 수 있었고 그 죄에 대해 더 이상 죄책감을 느끼지 않았습니다. 이 형제는 그렇게 살았습니다.

우리에게 주어진 모든 문제를 푸는 답은 한 가지, 주 예수님을 더욱 바라보는 것입니다.

20121101

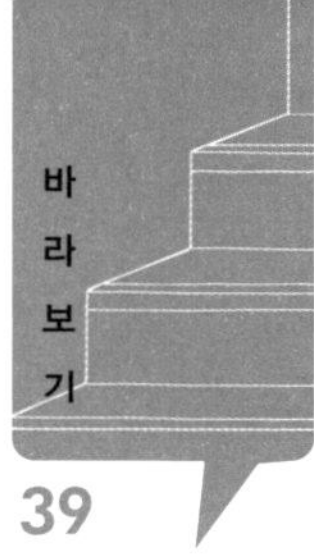

39

주님이 붙잡고 계십니다

LOOKING UNTO JESUS

››› 저는 주일마다 히브리서를 강해설교 하고 있습니다. 그래서 시간이 날 때마다 히브리서를 읽고 또 읽었습니다. 히브리서 전체의 흐름을 볼 필요가 있기 때문입니다. 그런데 히브리서를 읽을 때마다 숨이 막히는 것을 경험합니다. 마음이 답답해져옵니다.

'언제 이 설교를 다 하나? 잘해낼 수 있을까?' 하는 생각이 듭니다.

전적으로 주님이 강권하셔서 시작한 히브리서 강해설교인지라 준비가 부족한 것이 못내 마음에 걸렸습니다. 그래서 매 주일 설교 준비를 할 때마다 주님을 더욱 의지했습니다. 월요일마다 '주님, 말씀을 주실 줄 믿습니다' 하고 설교 준비를 시작했습니다. 그랬을 때 지금까지 주님께서 설교 준비를 인도해주시는 것을 경험했습니다. 신기한 일입니다. 마치 사람들로 붐비는 광장에 서 있는데 저절로 길이 열리는 것처럼 말입니다.

장로 아카데미 수련회를 잘 마쳤습니다. 그런데 아침에 일어나 기도하다보니 순간 '과연 내가 잘하고 있나? 오늘도 수련회가 잘 마쳐질까?' 하는 두려움과 답답함이 제 마음에서 일어나는 것을 느꼈습니다. 몸에는 이미 한계가 느껴졌으나 가야 할 길은 아직도 멀게만 느껴졌습니다. 영성일기 사역도, 예수님의 교회를 세우는 일도 열심히 하고는 있지만 아직 만족할 만한 수준은 아닙니다.

그래서 이 역시 내가 지금 잘하고 있는 것인지 걱정이 되었습니다. 솔직히 앞이 잘 보이지 않습니다. 무엇인가 보이면 좋겠는데, 미래는 커녕 오늘 하루도 보이지 않습니다. 마치 어둡고 깊은 물속에 있는 것 같고, 진흙탕 속에 빠져 허우적거리는 것 같고, 짙은 안개 속에서 한 걸음 한 걸음 아슬아슬하게 걷고 있는 것 같습니다.

'주님은 오늘 어떻게 인도하실까? 오늘은 어떤 놀라운 일이 있을까?' 하는 기대도 해보지만, 한편으로는 그저 그런 평범한 하루가 될 가능성이 크다고, 늘 그렇지 않았느냐는 생각도 들었습니다.

'그런데 오늘은 특별히 주님의 인도하심이 있을 거라고 믿어도 될까? 정말 기대해도 될까? 정말 인도해주실까? 함께하심을 보여주실까?'

이런 생각으로 마음이 복잡해지면서 기도가 힘들어졌을 때, 순간 리처드 범브란트(Richard Wurmbrand) 목사님이 생각났습니다. 범브란트 목사님은 《독방에서의 설교》라는 책에서 나치 정권과 공산 정권 아래서 말할 수 없는 핍박을 받는 중에 겪었던 낙심과 두려움에 대해 말했습니다.

그는 하나님께 강력히 항의했습니다.

"하나님은 '사람이 혼자 있는 것이 좋지 않다'고 하셨으면서 왜 저는 이렇게 독방에 가두어놓고 있습니까? 아담에게는 아내를 주시면서 왜 제게서는 아내를 데려가셨습니까? '아버지께서는 악한 사람에게나 선한 사람에게나 똑같이 햇빛을 주신다'고 하셨으면서 우리를 고문하는 자들은 지금 바닷가에서 햇빛을 즐기고 있지만 저는 지하 10미터에 있는 이 감방에 갇혀 몇 달 동안 해를 보지 못하고 있습니다.

하나님은 자신이 옳지 못하다고 인정하셨던 일을 바로 제게 행하고 계십니다. 사람이 하나님의 명령을 어기는 것보다 하나님이 자신의 말씀을 이루지 않는 것이 훨씬 더 나쁘지 않습니까? 하나님과 만나는 날, 하나님은 이 일에 대하여 어떻게 변명하실지 정말 궁금합니다."

그런데 하나님께 항의하던 범브란트 목사님에게 몇 가지 성경 이야기가 생각났다고 합니다.

첫 번째로 선한 사마리아인이 생각났습니다. 선한 사마리아인도 무언가 바쁜 일이 있었지만 강도 만난 자를 보고는 그를 도와주기 위해 시간을 지체했지요. 두 번째는 야이로의 딸 이야기가 생각났습니다. 야이로가 죽어가는 자기 딸을 위해 예수님께 빨리 오시라고 간청했지만, 예수님이 야이로의 집으로 가던 도중에 열두 해 혈루병 앓던 여인을 만나 그를 고쳐주려고 지체하신 바람에 야이로의 딸에게 늦게 도착하셨습니다.

이런 성경 말씀들을 묵상한 후 그가 다시 고백합니다.

"사랑은 빨리빨리가 아니군요. 사랑하는 자는 언제나 늦어지게 마련이군요. 이제야 제가 왜 이 감옥에서 더디 오시는 저의 신랑을 오랫동안 기다려야 하는지 이해할 수 있을 것 같습니다.

저는 주님이 우리를 도우시려고 계시던 곳을 분명히 떠나신 것을 알고 있지만, 주님이 오시는 길에 강도를 만나 상해서 쓰러져 있는 사람 앞에 걸음을 멈추셔야 했는지 누가 알겠습니까? 예수님이 우리를 구하러 오시다가 길에서 이슬방울에 꽃잎이 짓눌린 꽃을 발견하고 그것을 바로 해주시려고 걸음을 멈추셨는지 누가 압니까?

주님은 저를 위해 태양이 떠오르기를 원하시면서도, 사람이 혼자 있는 것이 좋지 않다는 것을 알고 계시면서도, 저를 얼른 제 가족에게로 보내주시려고 빨리 오실 수 없었음을 이제야 이해하게 되었습니다. 예수님이 한 마리 양이 구덩이에 빠져 그 양을 도와주셔야 했었는지 누가 압니까? 주님은 사랑의 주님이시기 때문입니다.

주님이 저를 하나님의 온갖 율법에서 해방시켜주시듯, 저도 주님이 저에게 약속하셨던 모든 임무에서 주님을 해방시켜드립니다. 저는 이제야 주님이 저를 혼자 내버려두셨던 것이 아님을 깨닫게 되는군요. 저는 주님과 같이 있습니다. 주님은 태양도 없이 저를 버려두셨던 것이 아닙니다. 저는 저의 어두운 감방에 의(義)의 태양이 떠오르는 것을 봅니다. 감사와 찬송을 주님께 드립니다. 아멘."

저는 다시 마음을 다잡았습니다. 제 마음의 무거움이 풀어지면서 주님이 저를 붙잡고 계시는 것이 너무나 분명하게 깨달아졌습니다. 도착해야 할 곳이 아직 제 눈에는 안 보이고, 주님의 인도하심이 마치 사람의 말을 듣는 것처럼 귀에 들리지는 않아도, 사방은 여전히 짙은 어둠인 것 같지만, 분명한 것은 제가 주님께 사로잡혀가고 있다는 것입니다. 그래서 여기까지 온 것입니다.

그렇습니다. 주님을 보지도 못하고 듣지도 못하지만 지금 제 심령은 주님께 붙잡혀 있음이 분명합니다. 주님의 크고 강한 손에 말입니다. 그렇지 않다면 '오늘의 나'를 설명할 방법이 없습니다. 제가 계획한 것도 제가 의도한 것도 제 능력으로 된 것도 하나도 없는데, 제가 지금 이렇게 가고 있는 것입니다.

기도하면서 이제 더 이상 허우적거리거나 두려워하거나 따분해하거나 처져 있지 않고, 마음을 바꾸어 저도 주님을 잡으려고 나아가겠다고 고백했습니다. 주께서 저를 잡아주시고 저도 주님을 잡으려 달려가니 정말 오늘이 기대가 됩니다.

20121103

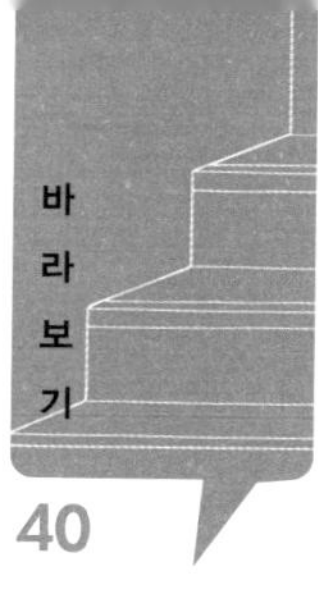

40

여기저기 눈길 돌리지 맙시다

LOOKING UNTO JESUS

››› 예수님과의 친밀한 교제를 위해 힘써야 한다는 것을 깨닫고 처음에는 "예수님을 바라보자"라는 주제로 설교했습니다. 그러다가 "혼자 있을 때 예수님을 바라보자"로 바뀌었고, 지금은 "24시간 예수님을 바라보자"라고 설교하고 있습니다.

어떻게 24시간 예수님을 바라볼 수 있느냐고 하겠지만, 예수님을 바라보되 우리의 마음 자세가 철저해야 함을 깨달았기 때문입니다. 실제로 예수님이 우리 마음에 항상 함께 계신다고 믿는다면, 우리도 당연히 24시간 예수님을 바라보리라 결단하는 것이 옳습니다.

교인들이 24시간 예수님을 바라보는 것이 힘들다, 어렵다고 합니다. 하지만 현실은 24시간 '암'을 바라보고 살고, 24시간 '주식'을 바라보고 살고, 24시간 '애인' 생각하며 살고, 24시간 '손주' 생각하며 살고, 24시간 '염려'하며 살고 있습니다.

제가 군 훈련을 할 당시 유격장에서 교관이 소리치기를, "눈알 돌아가는 소리가 들린다!"라고 했습니다. 그때는 그 말이 기가 막혔지만, 주님이 지금 우리에게 그렇게 외치시는 게 아닐까 하는 생각이 듭니다.

한 목사님이 영성일기를 쓰면서도 어느 날은 음란한 영상의 유혹을 이기지 못했다며, 깊이 좌절한 모습으로 제게 상담을 요청했습니다. 그 목사님은 "영성일기를 쓰는데도 안 되는 것은 어떻게 해야 합니까?"라며 비통하게 질문했습니다.

저는 답답한 마음에 주님께 물었습니다.

"영성일기를 써도 안 되는 것입니까?"

그때 주님은 제 마음에 선명히 대답해주셨습니다.

"24시간 나를 바라보는데도 죄에 무너졌다는 것은 스스로 속이는 것이다."

저는 그 목사님과 다시 만나 그동안의 생활과 영성일기를 써왔던 일을 철저히 점검했습니다. 그러자 그 목사님이 그저 일기만 썼다는 것을 알 수 있었습니다. 24시간 예수님을 바라보았다고 말할 수 없었습니다. 언제부터인지 인터넷 뉴스나 이런저런 인터넷 검색에 마음을 빼앗기게 되었고 어느 순간 음란한 유혹을 뿌리치지 못했던 것입니다.

그가 24시간 예수님을 바라보는데도 죄를 지은 것이 아니라 실제로 예수님 아닌 것들에 마음을 열어주었기 때문에 결국 죄에 무너진 것입니다.

마음에 이런저런 생각을 허용하고 여기저기 눈이 가는 일은 예수님과의 친밀함에 있어서 결코 작은 일이 아닙니다. 우리는 마음이 너무나 중요한 곳임을 알아야 합니다. 마음은 예수님과 함께 사는 집입니다.

성경은 이것을 결혼에 비유했습니다. 이것을 알면 우리 마음에 마귀가 주는 마음을 품은 것이 왜 큰 죄가 되는지 이해하게 됩니다. 결혼한 남자가 아내 말고 다른 여자를 집에 끌어들여 산다면, 결혼한 여자가 남편이 아닌 다른 남자를 집에 들인다면 괜찮은 것입니까?

오래전에 저는 충격적인 뉴스를 접했던 적이 있습니다.

미국 유타 주(州)는 절제되고 가족 중심의 생활이 강조되고 길거리에서 술집을 찾아보기 힘든 곳이다. 모르몬교도가 전체 주민의 60퍼센트 이상을 차지한다. 유타 주는 지난 2005년 미국에서 가장 보수적인 도시 1등을 차지하기도 했다. 그런데 이런 유타 주가 미국에서 온라인 성인물을 가장 많이 보는 도시 조사에서도 미국 내 1위를 차지했다.

2009년 12월 하버드 비즈니스스쿨의 벤저민 에델만 교수의 연구에서도 유타 주처럼 보수적인 주에서 인터넷으로 포르노를 더 많이 보는 것으로 나타났다. 가족과 결혼에 대해 구식의 사고방식을 갖고 있다는 보수적인 성향의 사람들이 인터넷으로 포르노를 더 많이 보는 것으로 나타났다. 기독교인 비율이 높은 주(州)나 낮은 주나 평일의 온라인 성인물 접속에서는 별 차이가 없었다. 다만 일요일에는 기독교인 비율이 높은 주에서 포르노 이용이 다른 주에 비해 적었다. "이 연구를 보면 (성인물에) 가장 비(非)관용적인 사람들이 그것을 가장 많이 구입한다"라고 에델만 교수는 말했다.

어떻게 해서 경건한 사람들이 쉽게 음란한 것에 무너지는 것일까요? 음란물을 보고 즐기는 것이 실제로 간음하는 것보다 죄책감이 훨씬 덜하기 때문입니다.

'실제 간음만 하지 않았다면 큰 죄를 짓지 않은 것이 아닌가?'

그러나 마음의 음란함이 실제적인 간음보다 더 심각합니다.
마귀가 노리는 것은 우리의 마음입니다.
그러므로 예수님을 바라보되 24시간 하자는 것은,
철저히 하자는 것입니다.
마음은 몸이나 집보다 더 중요한 곳입니다.
마음을 잘 지켜야 우리의 영적 생명이 지켜지는 것입니다.

20121124

41

주님이 길입니다

LOOKING UNTO JESUS

››› 몸에 큰 탈이 나기 직전이니 당장 쉬라는 의사의 진단이 있어서 몇 가지 일정을 취소하고 휴양을 다녀오는 등 몇 주간 정상적인 일정을 소화하지 못하고 지냈습니다. 실무에 돌아와 몸 상태를 조절해가며 사역을 하는데, 아무래도 영적인 몸살을 앓는 모양인지 단순히 몸이 쉬고 약을 먹어서 될 문제가 아닌 것 같았습니다. 제게 매우 중요한 영적 변화가 일어나는 것을 깨달았습니다.

'나는 왜 이렇게 힘든가?'

좁은 길을 가는 스트레스가 있었습니다. "24시간 예수님을 바라보며 산다!" 하면서도 '꼭 이렇게 살아야 하는가?' 하는 마음이 저를 괴롭히는 것을 느낍니다. 좁은 길이 아니라 아예 길 없는 광야를 걷는 심정이었습니다.

길이 없는데 길을 만들며 나아가야 하는 부담이 저를 힘들게 했습니다. 그러나 그만둘 수도 없습니다. 제 뒤를 따라오는 이들이 이미

아주 많아졌습니다. 방향은 보이는데 길이 보이지 않습니다. 한 걸음 한 걸음이 너무나 조심스럽고, 수시로 두려움이 엄습해왔습니다.

'내가 잘 가고 있나?'

시행착오도 겪고, 넘어지기도 하고, 아슬아슬한 위험도 당합니다. '누군가 앞서가는 이가 있었으면…. 그저 따라가기만 하면 되는 사람이 있으면 얼마나 편할까?' 하는 마음이 간절했습니다.

그동안 저는 길을 걸으면서 처음 그 길을 걸어간 사람이 얼마나 힘들었을지 생각해보지 못했습니다. 그런데 이제는 아닙니다. 길을 만드는 사람이 정말 대단해 보입니다.

어제 주님이 제 마음을 만져주시며 제게 말씀하셨습니다.

"왜 길이 없다고 하느냐?"

그리고 주님은 저보다 앞서서 주님과 친밀한 삶을 살았던 믿음의 선배들이 많이 있었음을 깨우쳐주셨습니다. 한동안 저는 그들이 너무나 특별한 사람들처럼 여겨졌고, 제가 그들처럼 살 수 있다고는 믿어지지 않았습니다. 그러나 이제는 그들이 제 마음에 얼마나 위로가 되고 힘이 되는지 모릅니다.

정말 고마운 사람 중 한 분이 프랭크 루박(Frank C. Laubach) 선교사입니다. 얼마나 대단한 분인가요! 그 분은 제게 바른 방향이라 확신하면 꾸준히 그 길을 갈 수 있는 용기를 주었습니다. 영성일기를 꾸준히 쓸 수 있었던 것도 프랭크 루박 선교사님의 일기 때문이었습니다. 그렇습니다. 제가 처음 길을 가는 사람이 아니었습니다.

오늘 아침에 너무나 분명히 깨달아지는 것은 나에게도 길이 있다는 것입니다. 예수님은 "내가 곧 길이요"라고 말씀하셨습니다. 그래서 저는 '주님이 길이신데, 내가 아직 믿음이 부족한 것이구나!' 하고 회개했습니다.

"나를 실험 도구로 바칩니다"라고 기도했던 기억이 납니다. 저는 그리스도인이면 누구나 예수님과 친밀히 동행하는 삶을 살 수 있다는 것을 증거하고 싶었습니다. 주님이 정말 우리 안에 거하신다면 우리가 24시간 예수님을 바라보며 사는 것이 실제가 되어야 한다고 생각했습니다. 누군가는 이 진리에 대한 증인이 되어야 한다고 생각했기에 제가 그 실험 도구가 되고 싶었습니다. 그런데 그때는 마음만 뜨거웠지 솔직히 이렇게 힘들 줄은 몰랐습니다.

그러나 오늘은 마음이 너무 편안해졌습니다. 마음에 시온의 대로(大路)가 있는 평안함이 임했습니다. 예수님이십니다. 아직 예수님을 길 삼아 사는 것이 익숙하지 않지만 곧 익숙해지리라 생각합니다. 오늘도 "예수님, 예수님" 하며 살아갈 것입니다. 그러면서 주님을 하나하나 더 알아가고 있습니다. 잠에서 깰 때부터 예수님이 생각나는 것이 놀랍습니다.

그러나 주님의 뜻은 거기서 머무는 것이 아닌 것 같습니다. 저를 구체적으로 인도하시려는 것 같습니다. 주님이 저를 새로운 차원으로 이끄시려는 모양입니다. 이 변화가 제게 익숙하지 않아 몸살을 앓고 있는 모양입니다.

20121129

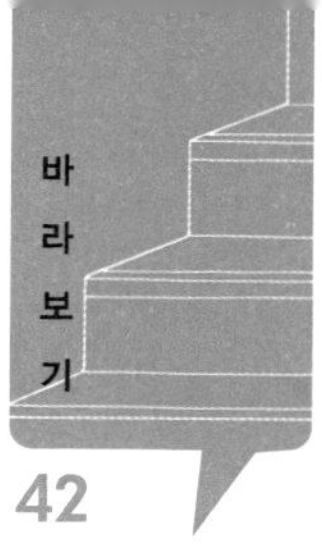

42

믿음으로 살아야 합니다

LOOKING UNTO JESUS

>>> 주일부터 히브리서 11장을 본문으로 믿음에 대해 설교하기 시작했습니다. 믿음을 주제로 설교하니 설교 준비부터 믿음으로 해야 한다는 마음이 듭니다. 설교 준비를 믿음으로 해야 한다는 것을 깨달은 지 얼마 되지 않습니다. 그동안 설교 준비를 믿음으로 하지 못했던 것입니다.

믿음은 곧 편안함인데, 저는 계속 애를 썼습니다. 애를 쓰며 설교 준비를 하는데도 결과는 언제나 아쉬움뿐이었습니다. 저는 그 이유를 알지 못해 답답해했습니다. 하지만 애를 쓴다는 것부터 벌써 잘못 가고 있었던 것이고 믿음이 아니었던 것입니다. 은혜는 본질상 값없이 주시는 선물이요 샘솟는 것인데, 애써서 준비한 설교에 어떻게 은혜가 흐르겠습니까?

설교 준비를 하다가 애를 쓰게 되면 즉시 예수님 안에 거하는 시간을 가져야 했는데, 저는 그것이 두려웠습니다. '이렇게 하다가 설교 준비를 망치지 않을까?' 하는 생각이 들었습니다. 하지만 애써서 잘하게 되면 더 큰일이라는 것을 알았습니다. 계속 그렇게 할 것이기 때문입니다.

영성일기를 쓰는 것도 애써 잘해야 한다는 조급한 마음이 문제임을 깨닫습니다. 주님은 제게 "잘하고 있다"고 하시면서도 "편안하게 하라"고 하십니다. 믿음으로 하라는 것입니다.

페이스북에 글을 올리는 것도 오직 믿음으로 하라고 하십니다. 좋은 글을 올리려는 의욕은 오히려 주님의 역사를 가로막는다는 것입니다. 그래서 저는 편안함으로 오직 샘솟듯 주시는 은혜만을 올리고자 합니다. 주신 은혜가 실낱같으면 실낱같이 나누려고 합니다. 그래야 강 같은 은혜도 나눌 때가 올 것입니다.

어떤 분이 "목사님이야 하나님을 그렇게 믿을 수 있겠지요!"라고 하셨습니다. 제 형편이 그런 대로 괜찮아 보이고, 목회도 그만하면 성공했다고 할 수 있으니, "하나님의 은혜를 믿으라, 하나님의 사랑을 믿으라"라고 할 만하다는 것이었습니다. 하지만 그렇지 않습니다. 제 처지가 괜찮아서 하나님을 믿는 것이 아니라 하나님을 믿었기에 이 정도가 된 것입니다.

어머니는 제가 대학교 다닐 때 돌아가셨고, 군 입대를 하자마자 다리가 부러지는 바람에 3년 동안 임관도 못하고 매해 훈련을 받아야 했습니다. 군인 병원에서 세 번의 수술을 받아야 했습니다. 어느 교회에서도 저를 받아주지 않아 3개월 동안 아무도 만나지 않고 오직 기도만 하면서 임지 주시기를 기도했던 적도 있었습니다. 하나님께서 제가 더 이상 공부하지 말기 원하셔서 대학원도 중퇴하고 유학도 포기했습니다. 어느 날 갑자기 아내가 암 수술을 하기도 했습니다. 부임해 간 교회마다 제 능력으로는 감당할 수 없는 어려움이 있었습니다.

이 말씀을 드리는 것은 제게도 '이것도 하나님의 사랑인가?' 하며 믿음이 휘청거릴 순간이 많았다는 것입니다. 사람들은 믿음 좋은 사람이 따로 있는 줄 알고 목사는 언제나 믿음충만한 줄로 여기지만, 목사인 저도 지치고 낙심하고 좌절할 때가 많습니다.

마귀는 목사인 저를 넘어뜨리려고 오히려 더 강하게 역사합니다. 어려운 시련으로, 나쁜 생각으로, 거듭나지 못한 성품으로, 세상 유혹으로 역사했습니다. 그때마다 휘청거릴 때가 많았습니다. 그러나 감사한 것은, 믿음을 회복하는 법을 알았다는 것입니다. 저는 낙심할 때마다 이렇게 되뇌었습니다.

"하나님은 나를 버리지 않으셔. 모든 사람이 나를 정죄하고 미워해도 하나님만은 나를 미워하지 않으셔. 예수님께서 날 위해 십자가에 못 박혀 죽으셨고 지금 하나님 보좌 우편에서 나를 위해 기도하고 계시는데, 하나님께서 나를 외면하실 리가 없어."

그때마다 하나님은 저를 회복시켜주셨고 다시 시작할 힘을 주셨습니다. 때로는 앞이 보이지 않는 길을 믿음만 가지고 묵묵히 걸으며 그렇게 지금까지 왔습니다.

제가 이만큼이라도 된 것은, 혼란스럽고 힘들 때 그나마 하나님을 믿고 순종했던 몇 번의 결단 때문입니다. 반대로 이 정도밖에 안 된 것은, 결국 하나님을 이만큼밖에 믿지 못해 불순종한 일이 많았기 때문입니다.

예수님을 영접한 우리에게 주어진 가장 큰 복은 믿음으로 살게 된 것입니다. 이제 실제 삶 속에서 믿음으로 살아보시기를 축원합니다.

20121210

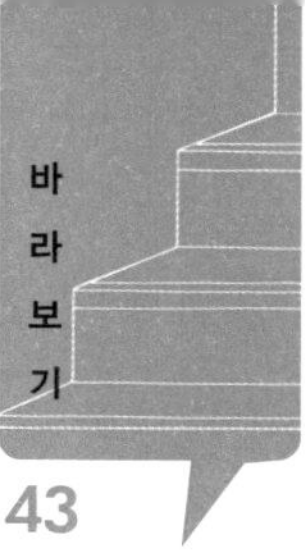

43

나에게는 소원이 하나 있습니다

L O O K I N G U N T O J E S U S

››› 95세 되신 어느 원로 목사님이 70세에 은퇴하실 때 '이젠 할 일이 없어졌구나!'라고 생각했다고 합니다. 그런데 그 후로 25년을 더 사신 것입니다. 이렇게 오래 더 살 줄 알았으면 은퇴할 때 앞으로 무엇을 하며 살지 계획이라도 세워놓고 살 걸 그랬다고 요즘 너무나 후회하신다고 합니다.

계획 없이 살다보니 아무것도 한 것 없이 25년의 세월이 덧없이 지나가버렸다는 것입니다. 그래서 95세가 된 지금, 외국어 공부를 시작하셨습니다. 95세라고 '이젠 정말 다 살았겠지' 하고 계획 없이 살다가 또다시 10년을 더 살게 된다면 얼마나 후회가 되겠느냐면서 말입니다.

당신에게는 삶의 분명한 목표가 있습니까? 진정 가치 있고 정말 후회하지 않을 인생 계획을 가지고 사십니까?

저에게는 소원이 하나 있습니다. 여러 소원 중에 하나가 아니라 오직 하나입니다. 그리 거창하지도 복잡하지도 어렵지도 않습니다. 그것은 바로 '항상 주 예수님을 바라보는 자'가 되는 것입니다. 24시간 주님을 바라보려고 애쓰면서 이 목표가 더욱 분명해졌습니다. 삶의 목표가 분명한 것이 이렇게 좋은 것인지 미처 몰랐습니다. 저는 요즘 이런 것을 하라, 저런 일을 해보라는 권면을 많이 듣습니다. 그러나 목표가 한 가지라서 그때마다 크게 고민하지 않게 된 것만으로도 얼마나 편한지 모르겠습니다.

제 소원은 혼자 있을 때든 누구와 함께 있을 때든,
식사할 때든 예배드릴 때든,
기쁠 때든 슬플 때든 화가 날 때든,
높아질 때든 낮아질 때든,
칭찬을 들을 때든 비난을 들을 때든,
보이지 않는 예수님을 보이는 분처럼 바라보게 되는 것입니다.
그리고 그것을 온 힘을 다해
많은 그리스도인들에게 전하고 가르치는 것입니다.
그러기 위해 저는 오늘도 영성일기를 쓰면서
24시간 예수님을 바라보는 훈련을 하고 있습니다.

주님과 동행하며 주님의 인도를 받으며 사는 것처럼 흥분되는 일이 없습니다.

일본에 계신 김도형 선교사님은 모험을 좋아하지 않는 조용한 성격인데도 사람들은 그를 모험을 즐기는 사람으로 생각합니다. 이유는 그 선교사님의 사역이 남이 시도하지 않는 대단히 모험적인 사역이기 때문입니다.

선교사님이 일본에 선교하러 가시면서 한국 교인이나 일본 교인에게 가장 많이 들은 질문이 있다고 합니다.

"왜 하필 일본입니까?"

'선교사의 무덤'이라는 일본에 왜 선교사로 가느냐고 물은 것입니다. 그다음으로 듣는 질문은 "왜 하필 교토입니까?"라는 것입니다. 교토는 일본에서도 가장 선교하기 힘든 도시이기 때문입니다. 또 "왜 하필 일본 교회입니까?"라고 질문한다는 것입니다. 재일동포 교회도 많은데, 언어도 잘 안 되는 상황에서 왜 일본 교회에 들어가느냐는 것입니다. 그 외에도 돈도 없고 교인도 없는데 왜 교회를 개척하느냐, 왜 일본인 교회를 개척하느냐, 왜 하필 교토에서도 가장 우상숭배가 심한 오오미야 지역에서 개척하는지 질문한다는 것입니다.

그러나 주 예수님만 바라보며 주님만 따라 살았더니 모험이 가득하고도 간증이 넘치는 삶을 살게 되더라는 것입니다. 불가능해 보이는 것이 현실이 되어 기가 막힌 예배당이 마련되었고, 일본 현지 주민들의 뜨거운 관심 속에 교회를 개척하게 되었습니다.

혹시 아직도 왜 사는지, 무엇을 해야 하는지 막연한 분들이 있습니까? 그렇다면 24시간 주님을 바라보면서 주님과 친밀해지는 것에 남은 삶을 드려보시기 바랍니다.

아직 늦지 않았습니다. 이제부터 무슨 일을 하든지 시작부터 주님이 인도하심을 분명히 하고 살아보십시오. 만약 자신이 주님이 인도하시는 삶을 살지 못하고 있다고 생각된다면, 지금 이 시간에 "주님, 제 인생을 이끌어주시옵소서. 주님의 마음을 품고, 주님과 함께 말하고, 주님과 함께 행동하고, 주님과 함께 움직이게 해주시옵소서"라고 기도하시기 바랍니다. 20121229

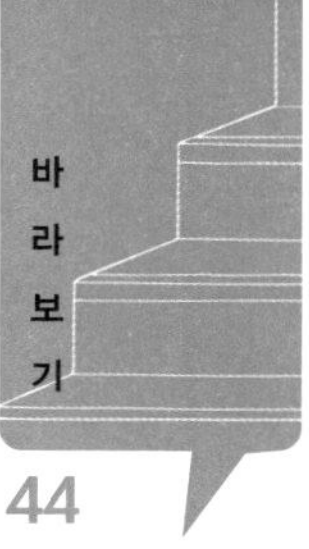

44

주님, 내 마음의 왕

LOOKING UNTO JESUS

››› 다들 새해가 되었다고 하지만, 마음이 새로워지는 순간에 비로소 새해가 되는 것입니다. 저는 요즘 새해를 맞이하고 있다는 느낌이 분명합니다. 예수님이 제 마음에 계실 뿐 아니라 왕이시라는 결단이 그 어느 때보다 분명하니 말입니다.

제가 주님을 24시간 바라보며, 항상 왕이시라 고백하는 이유는 결정적인 때 주님의 인도하심을 받고자 하기 때문입니다. 그동안은 제가 필요할 때 주님을 바라보려고 했습니다. 그런데 정작 주님이 저를 인도하시려고 할 때 제가 다른 곳을 바라보고 있었던 적이 많았습니다. 그것이 제 삶의 실패 원인이었습니다.

독일 뤼벡교회의 낡은 벽에 붙어 있는 돌판에는 '주(主)는 우리에게 말씀하신다'라는 시가 새겨져 있다고 합니다.

너희는 나를 주라 부르면서 따르지 않고,

너희는 나를 빛이라 부르면서 우러러보지 않고,
너희는 나를 길이라 부르면서 따라 걷지 않고,
너희는 나를 삶이라 부르면서 의지하지 않고,
너희는 나를 존귀하다 하면서 섬기지 않고,
너희는 나를 강하다 하면서 존경하지 않고,
너희는 나를 의롭다 하면서 두려워하지 않으니,
그런즉 너희를 꾸짖을 때에 나를 탓하지 말라.

이제는 주님이 말씀하실 때, 주님을 바라보고 있기 원합니다. 그러려면 24시간 주님을 바라보고 있어야 하겠지요.

이스라엘에 가보면 머리에 키파(Kippah)라 불리는 모자를 쓰고 다니는 유대인들을 많이 볼 수 있습니다. 그들은 그 모자를 음식을 먹을 때도, 기도할 때도, 걸어갈 때도, 잠을 잘 때도 씁니다. 이 키파는 "내 위에는 언제나 하나님이 나와 함께하신다"라는 것을 상징한다고 합니다. 그래서 하나님께서 항상 나를 보고 계시고 함께하신다는 것을 잊어버리지 않기 위해 그 모자를 쓰고 다닌다는 것입니다.

제가 키파를 쓰지는 않지만 저는 언제나 예수님을 제 마음에 왕으로 모시고 살고 싶습니다. 그래서 매일 영성일기를 쓰고 있습니다.

교우 한 분이 건강검진을 위해 장(腸) 내시경을 한 이야기를 하였습니다. 너무 힘들었다, 용종이 발견되어 제거했다, 악성인지 조직검사를 하였다 등등. 우리는 보이지 않는 장에 어떤 문제가 있는지 관심이 높습니다. 그래서 비싼 돈 들이고 고생스럽게 내시경 검사도 받습니다. 그에 비해 마음에 어떤 문제가 있는지에 대하여는 너무 소홀합니다.

저는 솔직히 마음이 그렇게 중요한지를 잘 몰랐습니다. 저는 어려서부터 내성적인 성격에 생각이 많은 편이었습니다. 때때로 쓸데없는 공상도 많이 했었습니다. 아니, 즐겼습니다. 그러나 저는 그것을 용납하는 것이 큰 죄라는 것을 몰랐습니다.

쓸데없는 공상이 왜 큰 죄냐 하면 제 마음에서 주님 생각하는 것을 빼앗기 때문입니다. 제가 제 아내와 함께 있을 때 다른 사람 생각을 한다면, 제 아내가 저와 함께 있는 것만으로 만족하겠습니까? 제 아내는 제가 다른 사람이 아니라 다른 일을 생각해도 싫어합니다.

집 안에 있기만 한다고 다 우리 자녀가 아닙니다. 몸은 집에 있어도 마음은 독립군일 수 있습니다. 우리 마음은 주 예수님의 집입니다. 그런데 마음에 온갖 생각이 많다면 주님은 어떻겠습니까?

주님의 인도를 받으며 산다는 것처럼 흥분되는 일이 없습니다. 주 예수님은 정말 구체적으로 우리를 인도하시기 때문입니다.

20130103

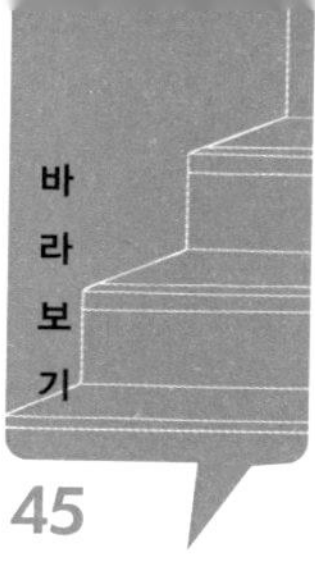

45

원망 상처 실패 세상 묵상하지 않기

LOOKING UNTO JESUS

››› 제게 메일을 보낸 한 청년이 깊이 방황하던 중 기도원에 가서 기도하다가 신명기 8장 2절 말씀으로 주님의 응답을 받았다고 했습니다. 주님이 "나는 '네 마음이 어떠한지' 알고 싶다!"고 하셨다는 것입니다. 그렇습니다. 주님은 우리의 마음이 어떠한지 알고 싶어 하십니다. 아니, 오직 그것만을 알고 싶어 하십니다.

하나님은 아브라함에게 이삭을 바치라 하시고 아브라함이 이삭을 바치려 했을 때, 칼을 잡은 아브라함에게 말씀하셨습니다.

"그 아이에게 네 손을 대지 말라 그에게 아무 일도 하지 말라 네가 네 아들 네 독자까지도 내게 아끼지 아니하였으니 내가 이제야 네가 하나님을 경외하는 줄을 아노라"(창 22:12).

하나님은 우리 마음이 어떠한지 너무나 궁금해하십니다. 우리도 그렇지 않습니까? 함께하는 사람들의 마음이 어떤지 몰라 답답하지 않습니까?

저도 부목사님들의 마음이 어떤지, 장로님들의 마음이 어떤지, 교인들의 마음이 어떤지 몰라서 답답할 때가 많았습니다. 아내의 마음, 딸들의 마음도 마찬가지입니다. 그런데 그것은 그들도 제 마음이 어떤지 몰라 답답하다는 뜻이기도 하겠습니다.

세상에서 가장 소중한 것이 우리 마음입니다.

"사랑하는 자들아 만일 우리 마음이 우리를 책망할 것이 없으면 하나님 앞에서 담대함을 얻고"(요일 3:21).

예수님께서 우리에게 임하신 곳도 우리의 마음입니다. 동시에 마귀가 노리는 곳도 우리의 마음입니다. '하나님의 마음에 합한 사람'이라던 다윗이 이스라엘 백성의 수(數)를 계수하였다가 하나님으로부터 무서운 징계를 당했던 일이 있었는데, 이 역시 사탄이 다윗의 마음에 군사 수를 자랑하고자 하는 교만한 마음을 넣었기 때문이었습니다.

"사탄이 일어나 이스라엘을 대적하고 다윗을 충동하여 이스라엘을 계수하게 하니라"(대상 21:1).

그러나 우리는 마음이 얼마나 중요한지 모르고 삽니다. 마음에 정말 신경 쓰지 않습니다. 하나님께 예배드리러 교회에 올 때도 얼굴이나 옷은 단장하면서 마음은 단장하지 않습니다. 누가 본다고 여기지 않기 때문입니다. 그러나 하나님께서는 우리의 얼굴이나 옷은 보시지 않고 우리의 마음을 보십니다.

하나님과의 사이에도 마음 단장이 필요하지만 사람들 사이에도 마음 단장이 필요합니다. 배우자나 자녀들, 교우들이나 직장 동료들에게 무슨 말을 할 때, 항상 자신의 마음을 먼저 살펴야 합니다.

마음에 주님의 은혜가 충만하지 않으면
아무리 좋은 말을 해도 상대에게 상처를 주게 되고
실수하는 말, 후회하게 될 말만 하게 됩니다.
마음에 상처를 내지 말아야 합니다.
생명의 근원이 마음에서 나오기 때문입니다.
마음이 상하면 사랑이 식어지고 믿음도 파괴됩니다.
육신도 상처가 나면 치료하기 쉽지 않지만
마음은 한번 다치면 치료하기 훨씬 어렵습니다.
용서하지 않는 마음은
암 덩어리를 몸에 두고 사는 것과 같습니다.
마음을 지옥으로 만들어버립니다.

무엇보다 마음을 빼앗기면 안 됩니다. 사람은 어디에 마음을 팔고 있든 그것에 노예가 됩니다. 마음에 들어오는 작은 죄를 조심해야 합니다. 결국 거기서부터 무너지기 때문입니다. 암은 아무리 작은 것이 생겨도 암입니다. 작게 여기면 큰일 납니다. 인터넷 뉴스에 기웃거리다가 음란물에 빠지는 것입니다.

그러나 아무리 마음을 단장해야겠다고 생각해도 너무 어려운 것이 마음을 단장하는 일입니다. 정말 마음대로 안 되는 것이 우리의 마음입니다. 욕심이 생기는데 어떻게 합니까? 싫은데 어떻게 합니까? 화가 나는데, 좋은데, 솔깃한데, 자랑하고 싶은데 어떻게 합니까?

우리가 마음을 바로 하려면 마음을 열고 살아야 합니다. 방을 열고 살면 항상 정리정돈을 하게 되는 것과 같은 이치입니다. 사람들이 마음을 열고 사는 것을 끔찍하게 여기지만 항상 마음을 열고 살지 않으면 마귀가 주는 마음을 품고 실족할 수밖에 없습니다.

저는 영성일기를 쓰면서 마음을 열고 사는 훈련을 합니다. 영성일기는 제 마음을 글로 드러내는 것입니다. 영성일기를 부목사님들과 나누는 것은 제 마음을 열어 보이는 것입니다. 영성일기를 쓰기 전에 제 마음은 정말 대책이 없었습니다. 그런데 영성일기를 쓰면서 품지 말아야 할 생각이나 감정이 마음에 자리 잡지 않게 되었습니다. 마음이 다스려지기 시작한 것입니다.

예수님은 빛이십니다. 영성일기를 써보면 빛이신 예수님이 마음에 비추이는 것을 느끼게 됩니다. 마음의 깊은 곳까지 드러납니다. 그러나 영성일기 쓰는 일을 중단하면 마음이 금세 세상으로 가득하게 됩니다. 이것은 방 안에 빛이 비추이면 어둠이 사라지지만 빛이 사라지면 금세 어둠이 가득하게 되는 것과 같은 이치입니다.

더 이상 원망을 묵상하거나 상처를 묵상하거나 실패를 묵상하거나 세상을 묵상하지 말고 예수님의 마음을 품고 사는 훈련을 해보시기 바랍니다.

20130117

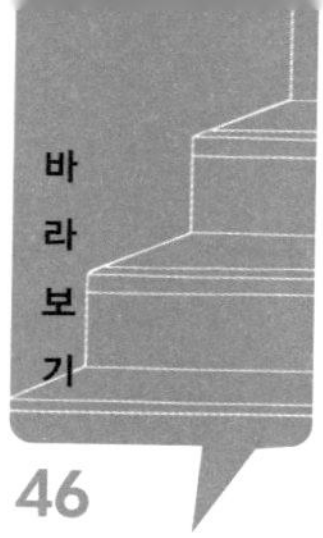

주 예수님이 우리와 함께하심

LOOKING UNTO JESUS

››› 젊은이교회 수련회 때, 도전적인 영적 목표를 주었습니다. 보이지 않는 예수님을 보이는 분처럼 바라보며 사는 것입니다.

모세가 바로 이런 믿음을 가졌습니다.

"믿음으로 애굽을 떠나 왕의 노함을 무서워하지 아니하고 곧 보이지 아니하는 자를 보는 것같이 하여 참았으며"(히 11:27).

다윗도 이런 믿음을 가졌습니다.

"내가 여호와를 항상 내 앞에 모심이여 그가 나의 오른쪽에 계시므로 내가 흔들리지 아니하리로다"(시 16:8).

전에는 24시간 주 예수님을 바라본다는 것이 제게도 이상한 일이었고 하나님을 보이는 분처럼 바라보며 산다는 것은 생각조차 힘들었습니다. 도무지 그렇게 되리라 믿어지지 않았기 때문입니다.

"너희는 믿음 안에 있는가 너희 자신을 시험하고 너희 자신을 확증하라 예수 그리스도께서 너희 안에 계신 줄을 너희가 스스로 알지 못하느냐 그렇지 않으면 너희는 버림받은 자니라"(고후 13:5).

고등학교 다닐 때, 이 말씀은 정말 충격이었고 저를 낙심케 하였습니다.

"내가 너희를 고아와 같이 버려두지 아니하고 너희에게로 오리라 조금 있으면 세상은 다시 나를 보지 못할 것이로되 너희는 나를 보리니 이는 내가 살아 있고 너희도 살아 있겠음이라"(요 14:18,19).

주님의 이 약속을 알았지만 제게 별로 힘이 되지 못했습니다.

"두세 사람이 내 이름으로 모인 곳에는 나도 그들 중에 있느니라"(마 18:20).

이 약속을 진정으로 믿는 이들을 주위에서 찾아보기 어려웠습니다. 그런데 이제는 이 말씀들이 너무나 분명히 믿어집니다. 아침에 해가 뜨고 저녁이 되면 어두워지는 것이 이상한 일이 아니듯이 그렇게 말입니다.

어제 젊은이교회 수련회에 모인 청년들이 찬양하고 기도하고 말씀을 사모하는 모습 안에 주 예수님이 함께하심을 보았습니다.

주님은 성령을 바람에 비유하신 적이 있습니다.

"바람이 임의로 불매 네가 그 소리는 들어도 어디서 와서 어디로 가는지 알지 못하나니 성령으로 난 사람도 다 그러하니라"(요 3:8).

그렇습니다. 주 예수님은 우리 눈에 보이지 않지만 주 예수님이 아니라면 도저히 일어날 수 없는 일들이 일어나는 것을 보면서 주님이 우리와 함께하심을 알게 됩니다.

많은 그리스도인들이 예수님과의 친밀함을 갖지 못한 채 신앙생활을 하고 있습니다. 예수님과의 실제적인 관계 가운데 사는 법을 배운 적이 없습니다. 이것이 영적 메마름입니다. 저도 주 예수님과의 친밀함을 어떻게 경험하는지 배운 적이 없었습니다. 그렇기 때문에 군목 훈련 중 부상을 당해 장애인이 될 뻔했던 그 다급한 순간, 하나님 생각보다 아버지 생각이 났었습니다. 당시 나름대로 성실히 열심히 목회했었지만 주님과의 친밀한 교제는 없었던 것입니다.

"내 이름으로 일컫는 내 백성이 그들의 악한 길에서 떠나 스스로 낮추고 기도하여 내 얼굴을 찾으면 내가 하늘에서 듣고 그들의 죄를 사하고 그들의 땅을 고칠지라"(대하 7:14).

"하나님의 얼굴을 찾으라!"

왜 이런 표현을 하였을까요? 하나님께서 진정 원하시는 것은 우리와 친밀하고 인격적인 교제이기 때문입니다.

예수님은 베드로에게 "너는 나를 따르라"(요 21:22)고 하셨습니다. "이 가르침을 따르라", "이 교리를 따르라", "이 신학을 따르라", "교회를 부흥시키라", "열심히 목회하라", "선교사로 나가라" 하지 않으시고 그저 "나를 따르라"고 하셨습니다. 우리는 예수님이 행하신 일을 믿거나 예수님이 남긴 교훈을 믿거나 예수님처럼 살려는 자들이 아닙니다. 모든 것을 버리고 예수님을 따르는 자들입니다.

"그들이 배들을 육지에 대고 모든 것을 버려두고 예수를 따르니라"(눅 5:11).

눈에 보이지 않는다고 예수님을 바라보고 사는 것을 시도조차 하지 않는 것은 정말 안타까운 일입니다. 늦으면 안 됩니다. 억울합니다. 주님 오실 때가 다다르면 당황하게 됩니다.

24시간 주 예수님을 바라보다보니 예수님을 바라보는 것이 결코 힘들지 않고 이상한 일도 아니었습니다. 놀라운 일이고 행복한 일이었습니다.

20130201

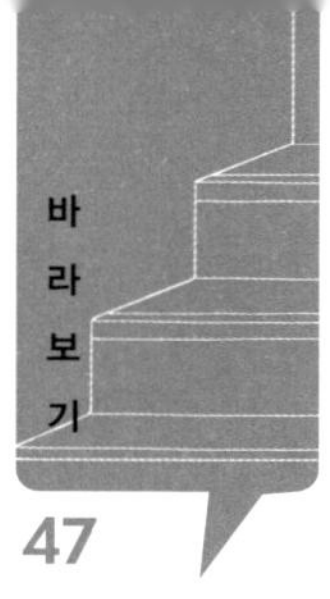

성경 말씀이 가장 개혁적입니다

LOOKING UNTO JESUS

>>> 유럽 성회와 이태리 성지순례를 마치고 돌아왔습니다. 이번 여행은 그동안의 해외여행 중에서도 가장 힘들었던 여행이기도 했지만 가장 소중한 교훈을 얻은 여행이기도 했습니다. 특히 프랜시스와 왈도, 두 사람의 삶의 흔적을 통해 깨달은 바가 컸습니다.

프랜시스와 왈도는 동시대 사람이었고, 똑같이 부자였고, 둘 다 자기 재산을 포기하고 당시의 타락한 교회와 신앙을 개혁하려고 했습니다. 두 사람 다 교황에게 가서 자신들이 깨달은 대로 신앙생활을 할 수 있도록 해달라고 청원하였으나 프랜시스는 받아들여져 나중에 성인(聖人)으로 추대되기까지 했지만 왈도는 이단으로 낙인찍히고 말았습니다.

왈도가 이단으로 낙인찍힌 결정적인 이유는 성경을 읽게 해달라는 것 때문이었습니다. 그는 사제가 말로 전하는 설교만으로는 신앙생활을 바로 할 수 없으며, 성경만이 신앙의 유일한 기준이므로 누구나 성경을 읽고 성경대로 살아야 한다고 했습니다. 당시 교회는 연옥설을 가르치고 면죄부를 판매하는 등 비성경적 관행이 팽배해 있었기에 왈도의 요청은 거부되었고, 왈도를 따르던 무리들은 상상할 수 없는 핍박을 받게 되었습니다.

이번 여행에서 먼저 본 것은 프랜시스의 유적이었습니다. 프랜시스는 히브리서 12장 1절에 "구름같이 둘러싼 허다한 증인들" 중에서도 제가 가장 만나보고 싶었던 분 중에 한 분이었습니다.

그런데 아시시에서 본 프랜시스는 가톨릭교회에 의해 심각하게 우상화되어 있었습니다. '청빈', '순결', '순명'을 절대 규칙으로 삼고 타락한 교회를 개혁하라는 소명을 감당했던 프랜시스는 '예수님의 화신'으로 떠받들어지고 있었습니다.

프랜시스는 죽을 때 큰 성당을 짓지 말라는 유언장까지 남겼는데, 교황이 유언장을 불태우고 프랜시스가 죽은 작은 성당을 보존하려고 그 위에 엄청나고 화려한 성당을 지었습니다. 순명(順命)을 절대 가치로 삼은 사람을 기리려고 유언장까지 불태운 일을 어떻게 이해해야 할지 모르겠습니다. 프랜시스의 유해를 보존한 성 프랜시스 대성당 역시 규모가 엄청나고 화려했는데, 청빈의 사람을 기리기 위해 엄청난 부(富)를 긁어모으는 이 모순을 무엇이라 설명해야 할지 난감했습니다.

그런 점에서 발데제교회 예배당은 너무나 단순하고 소박하여 오히려 감동이었습니다. 발데제교회 어디에도 왈도의 초상화나 동상이 보이지 않았습니다. 주 예수님과 말씀만 드러나 있었습니다. 발데제교회를 보며 너무나 많은 것을 생각했습니다. 마치 주님이 제 손을 이끌어 성 프랜시스 대성당과 발데제교회를 다 보여주고 말씀하시는 것 같았습니다.

"크고 화려한 성공을 추구하지 말고 오직 주 예수님만 바라보라. 신비적인 체험을 추구하지 말고 성경 말씀을 생명처럼 중요하게 여겨라. 말씀대로 살고 전할 때 당하는 고난은 영광이니 두려워하지 말라!"

대천덕 신부님이 성경보다 더 혁명적인 책이 없다고 하신 말씀이 생각났습니다. 실제로 발데제교회는 이후에 일어난 종교개혁에 엄청난 영향을 주었고, 수백 년에 걸쳐서 무서운 박해를 가한 로마 교황청이 거대한 산처럼 버티고 있는 이태리 땅에 마치 모퉁이의 머릿돌처럼 견고히 흔들림 없이 박혀 있었습니다.

성도들은 목사님이 하나님의 말씀대로만 목회하며 설교하기를 원합니다. 목사도 마찬가지입니다. 성도들이 하나님의 말씀대로만 살기를 원합니다.

그러나 하나님의 말씀대로 사는 것이 얼마나 개혁적인지는 제대로 알지 못합니다. 하나님의 말씀대로 살려면 죽을 각오도 해야 합니다. 예수님과 제자들이 왜 그렇게 죽임을 당했습니까? 왜 스데반이 죽임을 당했습니까? 왜 야고보가 죽임을 당했습니까? 주님의 말씀대로만 살려고 했기 때문입니다.

발데제교회에서 이정원 감독님을 비롯하여 함께한 일행들이 통성으로 한국 교회와 감리교회가 발데제교회처럼 주님 앞에 칭찬받는 교회가 되기를 간절히 기도하였던 기억이 지금도 생생합니다.

20130216

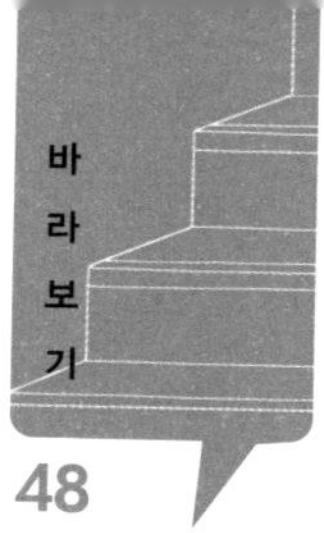

48

주님 알아가는 즐거움을 경험하십시오

LOOKING UNTO JESUS

››› 죄로 인하여 실족한 사역자들이 생길 때, 사람들은 제게 어떻게 생각하는지 묻습니다. 분명한 입장을 밝히라고 요구하는 사람도 있습니다.

그러나 제가 할 수 있는 말은 오직 하나, 두렵다는 것입니다. 제 안에 그 모든 죄가 다 있기 때문입니다. 그러므로 할 말이 없는 것입니다. 육신을 따라 살면 어떤 무서운 결과가 오는지 보면서 제 자신을 돌아볼 뿐입니다. 환경과 여건에 따라 제 자신이 더 큰 죄도 저지를 수 있음을 알기에 더욱 주 예수님만 바라볼 뿐입니다. 죄를 이길 힘은 오직 주 예수님을 바라볼 때 생기는 것을 알았기 때문입니다.

"하나님께로부터 난 자는 다 범죄하지 아니하는 줄을 우리가 아노라 하나님께로부터 나신 자가 그를 지키시매 악한 자가 그를 만지지도 못하느니라"(요일 5:18).

만약 어떤 사람이 죄로 넘어졌다면 그것은 그가 특별히 나쁜 사람이었기 때문이 아니라 주 예수님을 바라보지 못하고 살았기 때문일 것입니다. 우리는 죄에 한번에 무너지지 않습니다. 조금씩 조금씩 한눈팔다가 결국 죄에 쓰러지는 것입니다. 주 예수님의 함께하심을 바라보지 못하면 누구나 은밀한 죄를 이길 수 없습니다. 그러므로 주님을 바라보지 못하는 상태에 빠지는 것을 조심해야 합니다.

"너희는 스스로 조심하라 그렇지 않으면 방탕함과 술 취함과 생활의 염려로 마음이 둔하여지고 뜻밖에 그날이 덫과 같이 너희에게 임하리라"(눅 21:34).

마음이 둔하여졌다는 말은 주님께 반응하지 못하고 육신에 반응하는 모드로 전환되었다는 말입니다. 아무것도 보지 말고 아무것도 듣지 말라는 것이 아닙니다. 24시간 주 예수님을 바라보라는 것입니다. 조금이라도 주님이 불편해하신다고 느껴지면 중단하고 그 자리에서 일어서야 합니다. 주 예수님을 항상 생각하고 사는 것이 답답해 보이고 세상 사는 낙(樂)이 없을 것처럼 느껴지는 것은 우리가 영적으로 그만큼 병들어 있고 완고해져 있다는 증거입니다.

식단을 건강식으로 바꿀 때 처음에는 먹는 즐거움을 잃어버리는 것 같습니다. 그것은 그동안 우리의 입맛이 자극이 강한 음식에 적응되었기 때문입니다. 하지만 억지로 참고 건강식을 꾸준히 먹으면 점점 그 맛을 느끼게 되고, 나중에는 예전에 즐기던 음식을 먹을 수 없게 됩니다.

주님을 바라보고 사는 것도 마찬가지입니다. 주님을 알아가는 즐거움이 경험되어야 더욱 주님을 바라보게 됩니다. 주님과 동행하고 주님께서 쓰시는 종이 되는 감격을 무엇에 비교할 수 있을까요? 여기에 눈이 뜨이게 되면 결코 영적으로 눈이 멀고 귀가 멀어 잠자는 자처럼 살던 때로 돌아가고 싶은 생각이 없어집니다.

'나는 죽고 예수로 사는 사람' 안에도 죄는 여전히 존재함을 알아야 합니다. 단, 죄의 지위가 달라진 것뿐입니다. 전에는 죄가 우리의 주인이었지만 이제는 죄가 우리를 지배할 권세를 잃어버렸습니다.

"죽은 사람은 이미 죄의 세력에서 해방되었습니다"(롬 6:7, 새번역).

그러나 죄의 세력이 하나님이 택한 백성일지라도 삼키려고 노리고 있음을 명심해야 합니다.

"근신하라 깨어라 너희 대적 마귀가 우는 사자같이 두루 다니며 삼킬 자를 찾나니"(벧전 5:8).

그러므로 하나님께 귀하게 쓰임받기 원하는 사람은 한눈팔지 않도록 조심해야 하며 무엇보다 24시간 주 예수님을 바라보는 훈련을 해야 합니다. 생명이란 한 번 얻고 마는 것이 아닙니다. 계속되는 것입니다. 심장이 한 번 뛰고 마는 것이 아니라 계속 뛰어야 하듯이, 주 예수님을 영접했다면 24시간 주 예수님을 바라보아야 마땅한 일입니다.

20130225

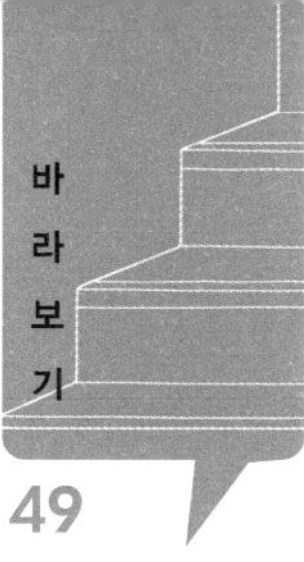

49

하나님 만나기를 준비하십시오

LOOKING UNTO JESUS

››› 어제는 유난히 분주한 날이었습니다. 보내야 할 원고도 많았고 처리할 일도 많았습니다. 오전 내내 시간에 쫓기다가 오후에 경기연회가 열리는 안양교회에 가서 부친(父親)의 추도예배에 참석하였습니다.

아버님이 돌아가신 지 벌써 1년이 되어갑니다. 아직도 아버님이 돌아가셨다는 것이 실감이 나지 않습니다. 아버님의 추도예배에 참석하여 비로소 깨달은 것은 목회한 지난 30년 동안 제게 가장 큰 영향을 주신 분이 아버님이셨다는 것입니다.

제가 어릴 때는 아버님이 너무 약해 보이셨습니다. 오늘 설교해주신 최호순 감독님께서는 아버님을 성자(聖者) 같은 분이라고 하셨지만, 제가 보기에는 착하기만 하셨지, 큰소리 한번 해보지 못하시고 화한번 내지 못하시는 답답한 아버지셨습니다.

감독님은 겸손하셨다, 온유하셨다고 하셨지만 제가 어릴 때는 무능하신 것처럼 보이기도 하였습니다. 저는 아버님같이 목회하지 않으리라 생각하기도 하였습니다. 제가 철이 없어도 너무 없었던 것입니다. 생각해보면 지금 제게 그보다 더 필요한 것이 있을까 하고 비로소 깨달아집니다.

그동안 화를 내고 다투다가 목회를 망친 목회자가 한두 분이 아님을 보았습니다. 이따금 조급해지고 화가 나고 불끈하고 성질이 치밀어 오를 때가 있었지만, 그래도 조심하게 되는 것은 전적으로 아버님 때문인 것 같습니다. 아들이니 그저 아버지를 닮은 것이 아니라 목회의 결과까지 보았기 때문에 지혜가 생긴 것입니다.

어제 추도예배 후 내내 '나의 장례식은 어떨까?' 하는 생각을 하였습니다. 그러다가 문득 저는 이미 장례식을 치렀다는 생각이 강하게 들었습니다. 제가 예수님을 진정 저의 주님으로 영접했을 때, 저는 제가 이미 죽었다는 사실을 받아들였습니다.

"그러므로 우리가 그의 죽으심과 합하여 세례를 받음으로 그와 함께 장사되었나니 이는 아버지의 영광으로 말미암아 그리스도를 죽은 자 가운데서 살리심과 같이 우리로 또한 새 생명 가운데서 행하게 하려 함이라"(롬 6:4).

그리고 작년 아버님 장례식 때 또 한번 제 장례식을 치렀습니다. 장례식 내내 설교하시는 목사님이나 조사(弔詞)를 하시는 분들이 "유 목사님은…"이라고 하며 여러 말씀을 하셨는데, 그것이 아버님에 대한 호칭이 아니라 저를 지칭하는 것으로 들렸습니다.

저는 이미 장례식을 두 번이나 치렀습니다. 장례식을 두 번이나 치르고 사는 사람은 어떻게 살아야 하는 것일까요?

최호순 감독님이 택하신 본문이 히브리서 11장 5절입니다.

"믿음으로 에녹은 죽음을 보지 않고 옮겨졌으니 하나님이 그를 옮기심으로 다시 보이지 아니하였느니라 그는 옮겨지기 전에 하나님을 기쁘시게 하는 자라 하는 증거를 받았느니라"(히 11:5).

에녹은 하나님과 동행하다가 그대로 하늘로 옮겨진 사람입니다. 그렇습니다. 장례식을 치르고 사는 사람은 에녹같이 사는 것입니다. 그것은 저의 갈망입니다.

감독님은 또 "하나님 만나기를 준비하라"고 하셨습니다.

"그러므로 이스라엘아 내가 이와 같이 네게 행하리라 내가 이것을 네게 행하리니 이스라엘아 네 하나님 만나기를 준비하라"(암 4:12).

하나님 만날 최고의 준비는 24시간 주님을 바라보며 사는 것입니다. 여기서, 지금부터 말입니다.

20130409

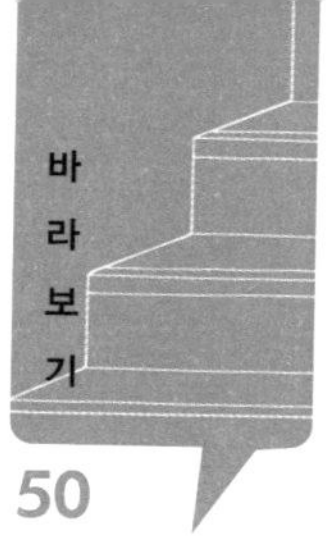

50

매일을 새날처럼 맞이합시다

L O O K I N G U N T O J E S U S

››› 지난 월요일 아침, 잠자리에서 일어나면서 "주 예수님" 하고 주님을 부를 때, 갑자기 '매일매일, 낯선 곳을 처음 여행하듯이 살아야 한다'는 생각이 떠올랐습니다. '내가 왜 이런 생각을 하지?' 하는 마음으로 교회로 가며 주님이 주시는 말씀임을 깨달았습니다. 하루하루 반복되는 날이 아니라 마치 새로운 여행지에 가듯이 살아야 한다는 것입니다. 매일매일은 지금까지 살았던 어떤 날과도 전혀 다른 새날, 한 번도 살아보지 않은 날입니다.

'어떻게 사는 것이 매일매일 새날처럼 사는 것인가?'

기도하는 중에 새날의 축복은 믿음과 온전히 순종함으로 경험된다는 것을 깨달았습니다. 낯선 곳으로 처음 여행을 가면 마음이 약간 흥분 상태에 빠집니다. 긴장도 되고 새로운 일을 경험하게 될 것에 대한 기대가 생깁니다. 그래서 여행은 기분 전환이 되는 것입니다.

매일매일 하루하루를 이 믿음으로 맞이하라는 것입니다. 주님께 순종하며 정말 새날을 맞이하는 기대와 흥분으로 매일매일 살아가면서,

오늘 하루가 분명히 어제와 다른 날임을 경험하게 되었습니다.

만나는 모든 사람을 새로운 사람으로 만나야 합니다. 오늘 만나는 가족도 어제의 그 사람이 아닙니다. 어제의 눈으로 보니 변함이 없어 보이는 것입니다. 모든 사람이 그렇습니다. 새로운 사람을 만나는 마음으로 대하면 전혀 새로운 사람임을 알게 됩니다.

환경과 여건이 똑같아 보여도 그렇지 않습니다. 하루가 지난 다음에 실제로는 전혀 다른 환경과 여건이 된 것입니다. 새로운 곳으로 여행을 가면 가이드(guide)를 잘 만나는 일이 정말 중요합니다. 여행의 성패는 좋은 가이드를 만났느냐에 달려 있습니다.

일본에 갔을 때 가이드해주신 선교사님께서 "내일은 어디로 가시겠습니까?"라고 물을 때, 우리는 "저희들은 잘 모르니 선교사님이 결정해주세요"라고 대답했습니다. 선교사님이 때때로 "무엇을 드시겠습니까?"라고 하면 우리는 "저희들은 잘 모르니 알아서 결정해주세요"라고 했습니다. 낯선 여행지에서는 좋은 가이드를 세우고, 그 가이드를 믿고 순종할 따름입니다.

매일을 새날처럼 맞이하는 일도 마찬가지입니다. 우리에게는 최고의 가이드이신 주 예수님이 계십니다. 우리에게 필요한 것은 주 예수님을 진정으로 믿고 온전히 순종하는 것뿐입니다. 이것이 매일 새롭게 사는 열쇠입니다. 매일 새로운 여행을 떠나는 심정으로 주 예수님을 바라보아야 합니다. 그러면 매일 새로운 날이 되며 새로운 사람을 만나고 환경과 삶이 모두 새로워지는 체험을 하게 됩니다.

얼마 전 일본을 다녀왔습니다. 묵었던 호텔 뒤에 산이 있어서 아침 일찍 일어나 산에 오르며 기도와 묵상의 시간을 가졌습니다. 산은 깊었고 숲도 울창하였습니다. 처음 가보는 산이었고 방향도 모르는 숲 속이었지만 두렵지 않았습니다. 길이 있었기 때문입니다. 길을 따라 산에 올랐다가 길을 따라 내려왔습니다. 내려오면서 '길 위에 있다'는 것이 얼마나 중요한가 생각하였습니다. 똑같은 산이라도 길이 없었다면 대단히 고생스럽고 위험하기도 했을 것입니다.

우리의 매일 형편이 처음 가보는 깊은 산을 오르는 것 같습니다. 앞이 어떨지 예측하기 어렵습니다. 그러나 길이 있다면 마음이 얼마나 편안하겠습니까? 산이 가파르고 숲이 우거져도 길 위에 있다면 안심입니다.

지금 여러분은 길 위에 있습니까? 지금 길 위에 있는지 아닌지는 세 가지만 물어보면 알 수 있습니다.

"당신은 어디에서 왔습니까?"

"당신은 어디로 가고 있습니까?"

"당신은 지금 어디에 있습니까?"

대답하기 어렵다면 길을 잃고 살아가는 것입니다.

"예수께서 이르시되 내가 곧 길이요…"(요 14:6).

예수님은 당신 자신이 길이라고 하셨습니다. 그래서 예수님 안에 있으면 어디서나 안심입니다. 24시간 예수님을 바라보는 것이 인생의 길 위에 바로 서 있는 것입니다.

20130501

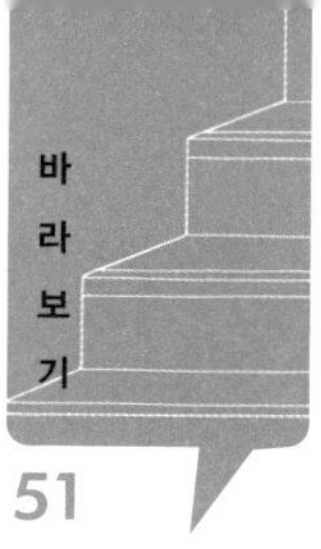

51

왜 영성일기를 써야 할까요?

LOOKING UNTO JESUS

››› 어느 성도가 "목사님께서 우리에게 영성일기를 쓰게 하시는 목적이 무엇인가요?"라고 물어왔습니다. 제가 영성일기를 쓰도록 하는 목적은 한 가지입니다. 복음서와 서신서에 나오는 대로 사도들과 초대 교회 성도들이 누렸던 예수 그리스도와 친밀히 동행하는 삶을 회복하자는 것입니다.

주 예수님에 대하여 많이 배우고 아는 것도 중요하지만 먼저 해야 할 것은 일상생활에서 주 예수님과 친밀히 동행하는 삶을 배우는 것입니다. 많은 그리스도인들이 주 예수님과 친밀함을 갖지 못한 채 신앙생활을 하고 있습니다. 그래서 삶이 변화되지 못하는 신앙생활을 하는 것입니다.

예수님을 믿는다 하면서도 정작 성도의 삶과 교회에서 예수님은 가장 무시되는 분입니다. 마태복음 7장 22절과 23절을 보면 주(主)의 이름으로 선지자 노릇하며 주의 이름으로 귀신을 쫓아내며 주의 이름으로 많은 권능을 행한 이들에게 주님은 "내가 너희를 도무지 알지 못한다”, “불법을 행하는 자들아 내게서 떠나가라” 하셨습니다.

우리는 이 말씀의 심각성을 깨달아야 합니다. 그것은 주님의 이름으로 큰 역사를 일으켰던 자라도 실제로 주님이 그를 도무지 알지 못하실 수 있는 것입니다. 그리고 주님의 이름으로 큰 역사를 행한 자라도 불법(不法)을 행할 수 있다는 것입니다. 여기서 ‘주님을 알지 못하는 것’과 ‘불법을 행하는 것’이 연관이 있습니다. 예수님과 친밀하지 못한 사람은 불법을 행하는 유혹을 이길 수 없다는 것입니다. 반대로 예수님과 친밀히 동행하는 사람은 불법을 행할 수 없다는 것입니다.

“하나님께로부터 난 자는 다 범죄하지 아니하는 줄을 우리가 아노라 하나님께로부터 나신 자가 그를 지키시매 악한 자가 그를 만지지도 못하느니라”(요일 5:18).

한국 교회의 문제는 목회자나 교인들이나 다 예수님에 대한 ‘바른 지식’을 추구하는 데만 신경 쓰다가 예수님과의 ‘바른 관계’를 소홀히 한 것입니다. 기독교의 메시지가 지금처럼 풍성하고 다양하게 전파되었던 적이 없었습니다. 그러나 지금처럼 기독교가 사회에서 매력을 잃어버리고 교회와 그리스도인들이 위기에 처한 적도 없을 것입니다. 우리에게 예수님에 대한 바른 지식도 중요하지만 그보다 더 중요한 것은 예수님과의 바른 관계입니다.

초대 교회는 지금과 같은 교회 조직도 없었고, 예배당도 없었고, 신학교도 없었고, 성경책도 없었습니다. 게다가 엄청난 박해가 있었습니다. 그런데도 복음이 전 세계로 급속히 퍼져갔습니다. 초대 교회 교인들은 그들 안에 살아 역사하시는 주 예수님을 알았습니다. 초대 교회의 부흥은 임마누엘하신 주 예수님이 그리하신 것입니다.

중국이 공산화되던 1949년 당시 기독교인의 숫자는 70만(중국 정부의 공식 통계) 또는 834,000명으로 100만 명이 채 못 되었습니다. 그 후 중국 교회는 철저한 핍박 속에 처했으며 선교사는 추방되고 교회 문은 닫히고, 신학교는 폐쇄되었습니다. 특히 1966년부터 시작된 문화대혁명(文化大革命)으로 기독교인들이 혹독한 시련과 핍박을 받아야만 했습니다.

1980년 등소평에 의해 중국의 문이 열렸을 때, 다들 중국 기독교가 존재라도 할까 걱정했는데, 고백적인 중국 그리스도인의 수가 5천만 명이라는 엄청난 수로 증가하였음을 보고 깜짝 놀랐습니다. 오늘날은 대략 1억 명이 넘는 것으로 추산됩니다.

예수님을 믿을 자유가 없고 오히려 극심한 핍박만 있던 때에 어떻게 그러한 폭발적인 복음 전파가 가능했을지 다들 궁금해합니다. 성경도 없고, 예배당도 없고, 잘 훈련된 교사나 목회자들도 없는 가운데 이렇게까지 교회가 성장할 수 있었던 이유는 주 예수님이 그들과 함께하셨기 때문입니다.

그러므로 우리는 예수님에 대하여 잘 아는 정도에 머물지 말고 예수님과 친밀히 교제하는 단계로 나아가야 합니다. 우리 육신이 연약하고 악할지라도 우리와 함께하시는 예수님을 알고 친밀히 교제할 때 우리의 삶은 변화되며 성령의 열매가 맺어지게 됩니다. 20130509

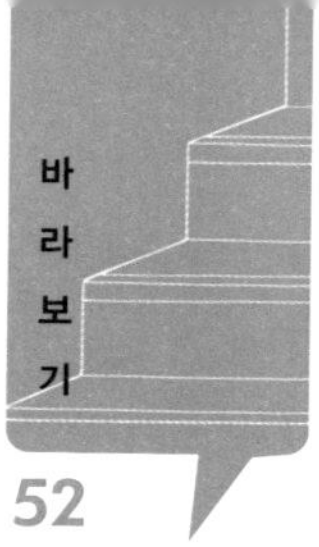

삶의 목적을 바꾸십시오

LOOKING UNTO JESUS

>>> 호주에서 사역하는 이민 목회자들과 만나 대화하면서, 목회의 어려움은 어디나 마찬가지여서 과중한 목회 스트레스로 힘들어하는 목회자들이 많음을 보았습니다. 그러면서 깨달아지는 것이 목회자의 스트레스는 삶의 목표를 목회에 두고 있기 때문에 생긴다는 사실입니다.

많은 목회자들을 상담했던 정신과 의사 한 분은 목회자들의 정신건강이 매우 위험한 상태에 있다고 했습니다. 목회를 하면서 받는 스트레스가 심각하다는 것입니다. 그러면서 그가 내린 처방은 목회자들이 목회에만 집중하지 말고 다른 취미생활을 가지라는 것이었습니다.

저는 이 정신과 의사의 말에 한편 동의하면서, 한편 '아니'라고 생각했습니다. 저는 목회자가 목회에만 집중하기에 엄청난 스트레스를 받고 있다는 진단에 대하여는 옳다고 생각합니다. 그러나 목회자가 취미생활을 가져야 목회 스트레스에서 벗어난다는 말에는 동의할 수 없었습니다. 목회 스트레스가 심하여 취미생활로 문제를 해결하려고 한다면 목회는 더 어려워질 것이고, 목회자의 영적 상태는 점점 더 메말라지게 될 것이기 때문입니다.

목회자가 목회 스트레스로 고통당하는 이유는 오직 하나뿐입니다. 주 예수님과의 관계에 문제가 생겼기 때문입니다.

"수고하고 무거운 짐 진 자들아 다 내게로 오라 내가 너희를 쉬게 하리라"(마 11:28).

"사람이 내 안에 거하지 아니하면 가지처럼 밖에 버려져 마르나니 사람들이 그것을 모아다가 불에 던져 사르느니라"(요 15:6).

목회자가 목회 스트레스에서 벗어나는 길은 목회에만 집중하지 말고 주 예수님과 친밀하게 동행하는 것을 삶의 목적으로 삼는 것입니다.

제가 목회하면서 크게 실수했던 것은 목회의 목적을 교회를 성장시키는 데 두었던 것입니다. 그 결과 열심히 목회했지만 예수님과의 관계는 점점 더 형식적인 것이 되었고, 예수님과 관계는 오히려 더 멀어져버렸습니다. 교회는 조금 성장했지만, 저는 교만과 열등감을 오가며 혼란스러웠고, 영적으로는 더욱 공허해갔습니다.

저는 이와 같은 저의 상태를 도무지 이해할 수 없었습니다. 그러다가 24시간 주 예수님을 바라보면서 깨달았습니다. 제 삶의 진정한 목적은 주 예수님이고 교회 부흥은 선물인데, 그동안 목적과 선물을 뒤바꾸어 살아왔던 것이었습니다. 하나님이 주시는 선물을 목적으로 삼는 것은 어리석고 위험한 일입니다. 많은 목회자들이 교회 부흥을 목적으로 삼으니까 교회가 성장하지 않으면 좌절하거나, 성장하여도 더 욕심을 내다가 타락하는 것입니다.

24시간 예수님을 바라보며, 주님과 친밀하게 동행하는 것이 제 삶의 목적이 되면서 목회가 전혀 새롭게 보이기 시작했습니다. 목회 현장에서 일어나는 일들이 스트레스로 부딪혀오지 않게 되었습니다. 교회가 부흥해도 오직 주님께 감사할 뿐이고, 주님께서 하시려는 일이 무엇인지 찾게 되고, 어려운 일이 생길 때도 그것이 주님과 더 친밀해지는 계기로 여겨지게 되었습니다. 놀라운 일이 아닐 수 없습니다.

그러나 목회자만 그렇겠습니까? 모든 그리스도인들이 마찬가지입니다. 사업이나 공부나 성공이 삶의 목표이고, 예수님은 그저 자신이 원하는 것을 도와주시는 분 정도로만 이해하면 큰일입니다. 모든 그리스도인들의 삶의 목표는 주 예수님과 친밀하게 동행하는 것입니다. 살아가면서 잘되고 못되는 일을 겪는 것은 오직 주님과 더 친밀해지는 계기일 뿐입니다.

기도도 그렇습니다. 기도 응답에 목적을 둔 기도는 금방 좌절합니다. 우리가 응답만을 원하여 기도한다면, 하나님과의 관계에서 허탈감을 느끼게 됩니다. 어린아이들이 선물만 바라니, 그렇게 귀한 부모님에게 늘 불만족이듯이 말입니다.

기도의 목적은 하나님을 더 깊이 아는 데 있습니다. 기도 응답은 선물일 뿐입니다. 기도를 해도 하나님을 바라보지 않고 기도 응답만 바라보면, 기도조차 스트레스가 됩니다. 마음은 오히려 강퍅해집니다. 나중에는 하나님께 명령을 내립니다. 하나님을 향하여 이 정도라면 사람을 향해서는 어떻겠습니까?

하나님과 교제하는 것이 기도의 목적인 사람은 "주옵소서 주옵소서" 하며 기도하지 않고 예수님처럼 "아버지여 나의 원대로 마시옵고 아버지의 원대로 하옵소서" 하고 기도하게 됩니다. 그럼에도 불구하고 우리 마음은 너무나 편안하고 만족하게 됩니다. 주님과의 관계가 깊어진 것입니다.

여러분, 만약 삶이 답답하고 스트레스가 많다면 삶의 목표가 무엇인지 점검해보고 삶의 목표를 바꾸어야 합니다. 24시간 예수님을 바라보며 예수님과 친밀하게 동행하는 것으로 말입니다.

20130528

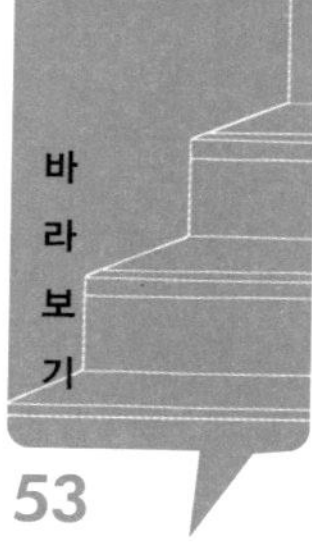

중간은 없습니다

LOOKING UNTO JESUS

››› 시드니교회 형주민 목사님께서 해주신 이야기가 오래 마음에 남아 있습니다.

조기 유학을 온 아이들 중에 방황하는 아이들이 꽤 많은데, 그런 아이들은 공부에는 마음이 없고 어떻게 하면 한국에 있는 부모에게서 돈을 더 타낼 수 있을까 궁리만 한다는 것입니다. 그런 아이 중 하나가 엄마가 호주에 온다는 연락을 받고 고민하다가 엄마가 오는 날 고층 빌딩에서 투신자살을 하는 안타까운 일이 있었다는 것입니다. 그동안 자신이 살았던 실상이 드러나는 것이 너무나 두려웠던 것입니다.

형주민 목사님이 해주시는 말을 듣고 있는데 주님께서 주시는 마음이 있었습니다. 주님께서 다시 오실 날, 많은 그리스도인들이 이와 같은 심정이 될 것이라는 것입니다.

에베소서 5장 18절에서 "술 취하지 말라 이는 방탕한 것이니 오직 성령으로 충만함을 받으라" 하였습니다. 우리가 살고 있는 시대는 두

가지 형태의 부흥, 곧 죄악의 부흥과 성령의 부흥이 동시에 빠르게, 뚜렷이 이루어지고 있습니다.

중요한 것은 '중간은 없다'는 것입니다. 성령충만이 아니면 죄악충만 속에 사는 것입니다. 그러나 많은 그리스도인들이 자신은 중간쯤에 있다고 생각합니다. 자신이 성령충만하지는 않지만 그렇다고 죄악으로 충만하지도 않다고 여기는 것입니다.

그런데 이렇게 생각하는 것이 정말 두려운 것입니다. 왜냐하면 성령으로 충만해야 한다는 결단을 자꾸 뒤로 미루게 하기 때문입니다. 명심해야 합니다. 중간은 없습니다.

저도 성령충만하지도 않지만 죄악으로 충만한 것도 아닌 중간에 해당된다고 생각했던 적이 있었습니다. 그러나 주님을 대면하는 순간, "악" 하고 비명 소리가 나왔습니다. 제 실상을 보게 되었기 때문입니다.

1984년 군목훈련을 받다가 다리가 부러져 군인병원 수술 대기실에서 '하나님'을 부르다가, 1987년 군목으로 임관하여 철원에서 근무할 때, 하나님 앞으로 가는 꿈을 꾸면서 얼마나 두려운 경험을 하였는지 모릅니다. 제가 그렇게 악한 자인 줄 꿈에도 생각하지 못하였습니다.

사람들은 자신의 진정한 모습을 보지 못하고 스스로 속고 산다는 것을 깨달았습니다. 그다음부터 온전히 주님과 동행하는 삶을 살고자 하는 갈망이 생겼던 것입니다. 성령충만하지 않으면 죄악충만으로 사는 것임을 명심해야 합니다.

베드로가 주님을 만나고 "주여 나를 떠나소서. 나는 죄인이로소이다" 고백했던 것도, 이사야가 하나님을 뵙고 "화로다 나여 망하게 되었도다" 고백하였던 것도 자신의 실상을 보게 되었을 때 우리가 어떤 느낌을 받게 될지를 가르쳐주고 있습니다. 성경은 언제 주님이 재림해오실지 모르니 준비하고 살라고 경고하고 있습니다.

재림해오실 주님을 맞이할 준비란 지금부터 주님과 동행하는 삶을 사는 것입니다. 주님께서 재림해오실 때 도둑같이 오신다고 하셨지만, 성경을 자세히 읽어보면 심판을 받을 자에게나 도둑같이 오신다는 것이지, 구원받을 자에게는 결코 도둑같이 오시는 것이 아님을 알 수 있습니다.

"형제들아 너희는 어둠에 있지 아니하매 그날이 도둑같이 너희에게 임하지 못하리니 너희는 다 빛의 아들이요 낮의 아들이라 우리가 밤이나 어둠에 속하지 아니하나니 그러므로 우리는 다른 이들과 같이 자지 말고 오직 깨어 정신을 차릴지라"(살전 5:4-6).

그러므로 24시간 주 예수님을 바라보며 살자는 것입니다. 주님과 늘 동행하는 자는 주님의 재림에 대하여 두려워할 이유가 없습니다.

"내가 알기에는 나의 대속자가 살아 계시니 마침내 그가 땅 위에 서실 것이라 내 가죽이 벗김을 당한 뒤에도 내가 육체 밖에서 하나님을 보리라 내가 그를 보리니 내 눈으로 그를 보기를 낯선 사람처럼 하지 않을 것이라 내 마음이 초조하구나"(욥 19:25-27).

여러분, 명심해야 합니다. 중간은 없습니다. 성령충만하지 않다면 지금 너무나 두려운 상태에 있는 것입니다.

그러나 두려워만 하지 마시기 바랍니다. 이미 마음에 오신 주 예수님을 믿고, 24시간 주 예수님을 바라보고 살면 됩니다.

20130529

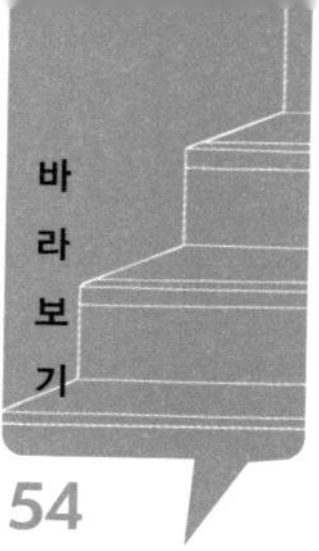

불을 꺼뜨리지 마십시오

LOOKING UNTO JESUS

››› 우리는 예수님이 구원의 능력이심을 믿습니다. 예수님이 우리의 의가 되셨기 때문입니다. 많은 이들이 예수님께서 구원의 능력이 되심을 찬양할 때 기뻐합니다. 그런데 예수님은 우리를 거룩하게 하시는 능력도 되십니다. 이것을 의심하면 안 됩니다.

예수님을 24시간 바라보려 하면 누구나 이 사실을 경험할 수 있습니다. 24시간 예수님을 바라보는 것은 결코 지나친 것이 아닙니다. 오히려 성경은 미지근한 신앙생활이 얼마나 비참한 결과를 가져오는지 분명히 경고하고 있습니다.

"네가 이같이 미지근하여 뜨겁지도 아니하고 차지도 아니하니 내 입에서 너를 토하여 버리리라"(계 3:16).

예수님을 24시간 바라보는 것은 예수님을 왕으로 섬기겠다는 의지입니다. 우리는 예수님으로 의롭다 인정받은 것을 감사하고 찬양해야 하지만 또한 예수님을 왕으로 섬겨야 합니다.

예수님과 세상을 동시에 섬길 수는 없습니다. 우리는 예수님을 왕으로 섬기든지 아니면 배척하는 것입니다. 우리가 항상 주 예수님을 바라보지 않으니, 주 예수님을 영접하고도 진정한 삶의 변화가 없는 것입니다. 이안 토머스(Ian Thomas)는 "그리스도 없는 기독교처럼 따분한 것도 없다"고 말했습니다.

우리가 밤늦게 가족이나 동료가 자는 방에 들어갈 때, 잠자는 사람들을 방해하지 않으려고, 전등 스위치를 올렸다가 재빨리 도로 내리면서 불이 잠깐 켜졌던 순간에 보았던 방 안의 모습에 의지해서 사람이나 물건에 부닥치지 않으려고 조심조심 움직여본 적이 있을 것입니다.

우리가 이처럼 신앙생활을 하고 있는지 모릅니다. 잠깐 비치는 주님의 빛에 의지하여 조심조심, 답답하게 살아가는 것입니다. 그러다가 정말 두려운 일이 일어납니다. 어둠 속에서의 생활에 익숙해져버리는 것입니다.

안타깝게도 예수님을 영접하고도 어둠 속에 사는 그리스도인들이 많습니다. 언제까지 숨기고 감추고 꾸미고 살 것입니까? 어둠 속에 살지 않으려고 24시간 예수님을 바라보자는 것입니다.

"그러므로 이르시기를 잠자는 자여 깨어서 죽은 자들 가운데서 일어나라 그리스도께서 너에게 비추이시리라 하셨느니라"(엡 5:14).

지금이야말로 분명하고도 과감한 결단이 필요합니다. 과감히 전등 스위치를 올리는 것입니다. 24시간 빛 되신 예수님을 바라보자는 것입니다.

다윗이 항상 하나님을 바라보고 있을 때 골리앗도 무섭지 않았고, 죽음의 골짜기를 다닐지라도 두렵지 않았고, 부족함이 없었고, 자신을 죽이려고 온 사울 왕을 살려줄 수도 있었습니다. 그러나 그런 다윗도 하나님을 바라보는 눈이 벌거벗은 여인에게로 옮겨지면서 상상할 수도 없는 죄를 짓고 말았습니다.

그런 점에서 요셉은 참으로 귀합니다. 그는 노예나 죄수로 있을 때나, 총리가 되었을 때나 한결같았습니다. 항상 함께하시는 하나님을 바라보았기 때문입니다.

윌리엄 템플(William Temple) 주교는 "당신의 종교는 당신이 홀로 있을 때 하는 그것이다"라는 말을 했습니다. 다시 말하면 아무것도 신경 쓸 일이 없을 때, 자동으로 생각되는 것이 자기 마음속에 모셔놓은 진짜 신(神)이라는 이야기입니다.

많은 그리스도인들이 마음속의 우상 때문에 괴로워합니다. 그런데 24시간 주 예수님을 바라보려고 하면 주님만 어른거리고 다른 것들은 성에 안 차는 '기현상'이 벌어집니다. 정말 믿어지지 않는 놀라운 일이지요.

우리가 예수님을 믿었다면 구원의 능력이신 예수님뿐 아니라 우리를 거룩하게 만드는 능력이신 예수님도 체험해야 합니다. 그 길은 24시간 예수님을 바라보는 것입니다. 우리가 얻은 구원은 천국 가는 티켓을 얻은 것이나 영생의 보험증서를 가진 것이 아닙니다. 24시간 주 예수님과 동행하는 삶을 살게 된 것입니다.

"나는 포도나무요 너희는 가지라 그가 내 안에, 내가 그 안에 거하면 사람이 열매를 많이 맺나니 나를 떠나서는 너희가 아무것도 할 수 없음이라"(요 15:5).

20130605

2013.04.05

얼마 전 교회에서 집으로 가는 길에
한윤호 목사님의 딸 정수(9)가
"난 목사님하고 결혼하고 싶어요"라고 했습니다.
정수는 평소에 저를 보면 늘 웃기만 하고
별말이 없던 아이였기에 좀 당황했습니다.
그러자 함께 놀던 김시준 전도사의 딸 주하(9)가
달려와 제게 안기면서
"나도 나중에 목사님과 결혼할 거야"라는 것이 아닙니까?
그러자 정수가 주하에게 어이없다는 표정을 지으며
큰 소리로 "안 돼" 하는 것입니다.

순간 당황했습니다.
이런 상황이 익숙하지 않은 저로서는
어떻게 이 상황을 수습해야 할지 난감하였습니다.
이어서 정수가 정색을 하며 말했습니다.
"나중에는 목사님이 죽어, 결혼하려면 지금 해야 돼."
아이들과 헤어져 집으로 오면서 생각했습니다.

'아, 아이들이 내가 곧 죽을 거라고 생각하고 있구나!'

어제 감리회 중앙연회에서 이정원 감독님으로부터
성역(聖役) 30년 표창패를 받았습니다.

많은 분들이 축하해주시고,
장로님들은 근사한 곳에서
저녁 대접과 귀한 선물을 주셨습니다.

집에 와서 아내와 딸들의 정성 어린 축하를 받았습니다.
30년 목회를 중단 없이 해올 수 있었던 것은
하나님의 전적인 은혜이지만,
아내와 두 딸의 위로와 사랑의 힘이 컸으니
도리어 제가 감사해야 할 일인데
바보같이 축하만 받았습니다.

축하해주는 많은 분들로 인해 내색은 못하였지만
성역 30년 표창을 받은 제 마음은 심란했습니다.
하나님께서 제게 이제 하나님 앞에 설
준비를 하라고 하시는 통고문으로 들렸기 때문입니다.

저는 목회자로 산 지난 30년 세월이 부끄럽습니다.
나이는 들었고 중진 목사가 되었지만,
하나님의 마음을 헤아리는 데
여전히 어린아이이기 때문입니다.

지난 30년 동안

영적으로 자란 것이 너무나 초라합니다.
주님이 보시기에 얼마나 답답하시겠습니까?
"주여, 어찌합니까?"

어제 부목사님들과
창세기 41장으로 큐티 나눔을 하면서
마음이 너무나 애통하였습니다.

바로가 꿈을 꾸었는데,
분명히 앞으로 될 일에 대한
계시적인 꿈인 것은 알겠으나
꿈을 풀 길이 없어 애굽 온 나라가 우왕좌왕하였습니다.
이 상황에서 요셉은 바로 앞에서
하나님께서 대답해주실 것을 확언하였습니다.
하나님께서 요셉에게 대답을 주실 것을
확신하였기 때문입니다.
요셉은 비록 죄수였지만
하나님과 마음이 통하는 자였습니다.
지금이야말로 요셉과 같은 하나님의 사람이 필요합니다.

하나님의 사인(sign)은 시시각각 주어지고 있습니다.
그러나 하나님의 대답을 속 시원히

전해줄 사람이 너무나 적습니다.
그런 점에서 제 마음은 통곡합니다.
아직도 주님의 마음을 아는 데
너무나 미숙하고 어리석기 때문입니다.

지난 30년을 허송세월한 것 같습니다.
뒤늦게 주님을 바라보는 눈이 조금 열렸으니
저도 답답하고 주님도 답답하실 것입니다.

남은 세월이 얼마일지 모르지만
얼마 남지 않은 것만은 분명합니다.
오직 원하는 것은 주님과 교인들에게
걸림돌이 되지 않았으면 좋겠습니다.

이제부터 어떻게 목회하며,
어떻게 살아야 할지,
더욱 주님만 바라볼 뿐입니다.

우리가 믿음으로 우리의 죽음을 선포하고 나아가면 예수님은 우리 안에서 말씀하시고 인도하시고 역사하십니다. 예수님으로 살아지게 됩니다. 우리도, 사람들도 "주님이 하셨습니다"라고 고백하게 됩니다.

담벼락

셋, 자아

이미 죽음으로 처리되었습니다

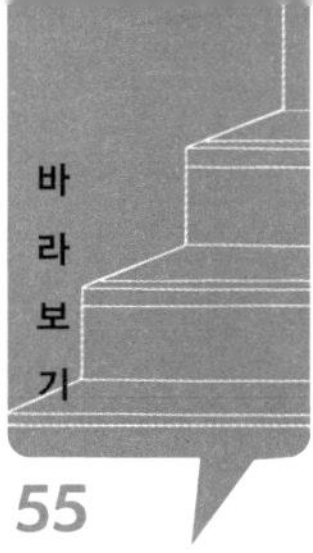

55

자아가 꼭 죽어야 합니까?

LOOKING UNTO JESUS

››› 한 교우가 "죄 사함 받으면 충분하지 왜 자아가 죽어야 합니까?"라는 질문을 하셨습니다. 이런 질문을 하는 분들이 많은 것 같습니다.

예수님께서 십자가에서 우리의 죄 문제를 해결하실 때, 우리가 반드시 알아야 할 세 가지가 있습니다.

첫째, "담당하셨다"는 것입니다. 예수님께서 우리 죄를 짊어지셨다는 것입니다. 나의 죄가 예수님께 옮겨졌습니다.

둘째, "대신 지셨다"는 것입니다. 예수님께서 나를 대신하여 죽으셨습니다.

셋째, "함께 (연합) 되셨다"는 것입니다. 나는 예수님과 함께 죽었고, 예수님과 함께 다시 살아났고, 예수님과 함께 보좌에 앉았습니다.

첫째와 둘째 진리만으로도 우리의 죄 문제가 해결될 수 있습니다. 그렇다면 속죄함 받은 이후에는 어떻게 합니까? 스스로 죄를 짓지 않고 살아가야 합니까? 그것은 불가능합니다. 그래서 셋째 진리가 중요한 것입니다. 예수님과 연합되지 않고는 거듭난 자의 삶을 살 수 없습니다. 그래서 그저 속죄함을 믿으라 하지 않고 예수 그리스도 안에 있으라 하시는 것입니다.

"그런즉 누구든지 그리스도 안에 있으면 새로운 피조물이라 이전 것은 지나갔으니 보라 새것이 되었도다"(고후 5:17).

우리가 꼭 '죽어야' 하는 이유는 죄의 문제가 존재의 문제이기 때문입니다. 죄는 인격적인 존재에게만 들어옵니다. 동물들에게는 죄가 없습니다. 인격적인 존재가 아니기 때문입니다. 호랑이, 돼지, 개에게 죄를 물을 수 없습니다. 그들은 그저 하나님이 주신 본능대로 사는 것뿐입니다.

죄는 행위의 문제가 아니라 존재의 문제입니다. 죄의 열매를 보면 사람들이 다양해 보입니다. 선한 사람, 악한 사람이 구분되는 것처럼 보입니다. 열매의 수를 보아도 그렇습니다. 그러나 열매의 수 차이가 무슨 소용입니까? 사과나무냐 배나무냐 하는 점에서는 차이가 없습니다.

어려서부터 가르침을 잘 받고 주위에서 철저히 관리해주는 사람은 훌륭한 교양인이 됩니다. 그러나 그런 사람이라고 죄인이 아닌 것은 아닙니다. 그 사람도 상황과 환경이 달라지면 얼마든지 깡패나 범죄자가 될 수 있습니다. 누구나 수도원생활을 하며 죄의 욕망을 다스리며 살면 죄의 열매를 상당히 줄일 수 있을 것입니다. 그렇지만 존재가 바뀔 수 있을까요?

자아는 철저히 타락한 자기중심입니다. 하나님조차 자신의 주인 되기를 싫어하는 것이 바로 자아입니다.

"또한 그들이 마음에 하나님 두기를 싫어하매…"(롬 1:28).

이것이 원죄(原罪)입니다. 선악과를 따 먹은 죄입니다.

땅을 갈아주고 좋은 비료를 주며 김매고 잘 가꾼다고
가라지가 알곡이 될 수 있을까요?
선행(善行)이든 고행(苦行)이든 교육으로 훈련으로
율법으로는 존재가 바뀔 수 없습니다.
우리가 거듭나는 것은 오직 죽고 다시 사는 길밖에 없습니다.

우리가 모두 예수님 안에서 죽고 예수님으로 사는 자가 되었음을 믿음으로 누리고 사시기를 축복합니다.

20120706

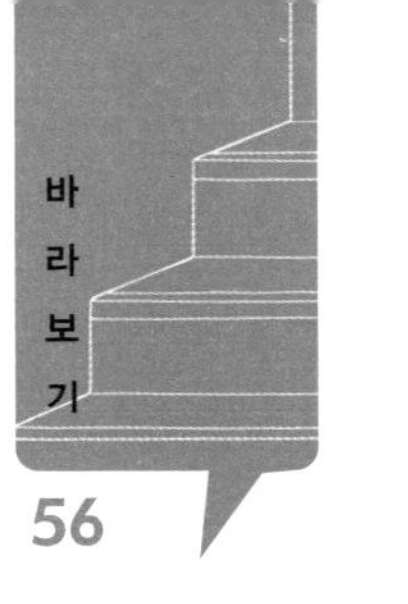

56

자기 죽음의 고백

LOOKING UNTO JESUS

››› 어떤 청년이 교회 로비에서 제게 질문을 해왔습니다.

"예수님을 뜨겁게 사랑하면 내 자아가 죽은 것이지요?"

이 청년은 아직 내가 죽고 예수로 사는 십자가 복음을 정확히 이해하지 못해 혼란스러워하고 있었습니다.

예수님을 뜨겁게 사랑한다고 자아가 죽었다고 단정할 수는 없습니다. 어떤 사람이 나를 뜨겁게 사랑한다고 하더라도, 좋을 수도 있고 싫을 수도 있습니다. 그가 그 자신을 위하여 나를 사랑한다면 뜨겁게 사랑할수록 무서울 것입니다. 이처럼 자아가 죽지 않았는데도 예수님을 뜨겁게 사랑한다고 말할 수 있습니다.

뜨겁게 사랑하는 것과 자아의 죽음이 꼭 일치하는 것은 아닙니다. 자아는 죽이려고 노력해서 죽어지는 것이 아닙니다. 자아가 죽은 것은 예수님의 십자가 안에서 하나님이 완전히 이루어놓으신 것입니다.

우리가 할 일은 믿고 감사하며 고백하고 오직 예수님을 바라보는 것뿐입니다. 그러면 죽음이 임하고 예수님의 역사를 경험하게 됩니다.

성질도 사라지고 음욕도 사라지고 욕심도 없어지고 분노도 사라지고 예수님을 뜨겁게 사랑하게 된 것을 보고 우리가 죽었음을 알게 되는 것도 아닙니다. 자아의 죽음을 이렇게 생각하니까, 평생 죽었다 살았다 다시 죽었다 다시 살았다, 정신이 없게 되는 것입니다.

우리는 육신을 가지고 살기 때문에 육신의 소욕은 항상 존재합니다. 우리의 자아가 죽었다는 말은 육신의 소욕이 더 이상 우리 안에서 주인 노릇을 하지 못하게 되었다는 것입니다.

"우리가 알거니와 우리의 옛 사람이 예수와 함께 십자가에 못 박힌 것은 죄의 몸이 죽어 다시는 우리가 죄에게 종노릇하지 아니하려 함이니"(롬 6:6).

우리의 자아가 죽었다는 가장 확실한 증거는 성령이 우리 안에 임하신 것입니다. 하나님께서 나의 자아가 죽었고 그래서 우리의 죄가 다 사하여졌다고 인정하시니 성령을 보내주신 것입니다. 그러므로 성령이 자신 안에 임하셨다면, 하나님이 나 자신을 죽었다고 인정하셨음을 알아야 합니다. 우리가 할 일은 하나님이 하신 일을 믿고 감사 찬양하며 오직 예수님을 바라보는 것뿐이고, 사람들 앞에서 "나는 죽었습니다"라고 담대하게 시인하는 것입니다.

우리가 자아의 죽음을 체험하지 못하는 것은 우리가 이미 예수님과 함께 죽었다는 복음을 믿지 않기 때문입니다. 믿지 못하니 사람들 앞에서 분명히 시인하지 못하는 것입니다.

예수님께서 사도 바울을 통하여 그처럼 놀랍게 역사하신 것은 사도 바울이 자신의 죽음을 분명하게 고백했기 때문입니다.

"내가 그리스도와 함께 십자가에 못 박혔나니 그런즉 이제는 내가 사는 것이 아니요 오직 내 안에 그리스도께서 사시는 것이라 이제 내가 육체 가운데 사는 것은 나를 사랑하사 나를 위하여 자기 자신을 버리신 하나님의 아들을 믿는 믿음 안에서 사는 것이라"(갈 2:20).

다시 말하지만 자아의 죽음은 믿음의 문제입니다. 우리가 죽었다고 고백할 때, 사람들이 우리의 모습을 보고 비웃더라도 상관없습니다. 우리가 믿는 것은 우리 자신이 아니라 '하나님'과 '하나님의 약속'이기 때문입니다.

우리 힘으로 할 수 없는 문제를 만났을 때,
우리 힘으로 용서할 수 없는 사람을 만났을 때,
우리 힘으로 극복할 수 없는 어려움을 만났을 때,
우리 힘으로 순종할 수 없는 말씀을 들었을 때,
우리가 할 수 있는 것은 우리가 죽었음을 고백하는 것뿐입니다.

이처럼 우리가 믿음으로 우리의 죽음을 선포하고 나아가면 예수님은 우리 안에서 말씀하시고 인도하시고 역사하십니다. 예수님으로 살아지게 됩니다. 사람들도 우리를 통해 예수께서 역사하심을 인정하게 됩니다. 우리도, 사람들도 "주님이 하셨습니다"라고 고백하게 됩니다.

20120630

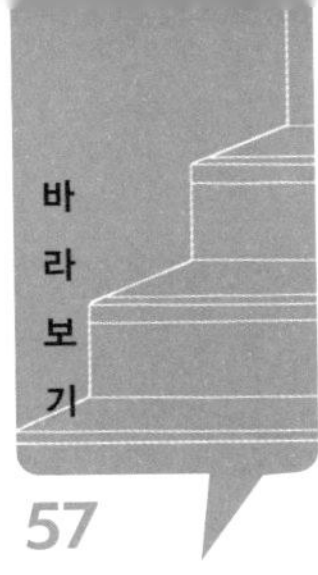

57

즉시 주님을 바라보십니까?

LOOKING UNTO JESUS

>>> 남아프리카공화국에서 열린 아프리카 코스타에 다녀온 후 몸이 너무 힘들어, 오늘 금요성령집회 때는 아내가 메시지를 대신 전했습니다. 아내는 삼남연회 사모 세미나와 부산제일교회 여선교회 집회 때 주신 은혜를 교우들과 나누었습니다.

아내가 전한 메시지는 우리가 기도할 때 진정 예수님 한 분을 붙잡기 위하여 마음을 묶고 있는 것들을 내려놓아야 한다는 것이었습니다. 많은 교인들이 말씀에 뜨거운 반응을 보였고 문제를 해결받았다고 고백했습니다. 주님이 하셨습니다. 제가 아내를 이끌어가는 것이 아니라 아내와 함께 간다는 것이 정말 감사합니다.

말씀을 들으면서 저 역시 제게 주시는 주님의 음성을 들었습니다. 책이나 설교를 통해 많은 사람들 앞에 드러날 때마다 이런저런 말을 많이 듣습니다. 사람들의 평가는 좋은 것이든 나쁜 것이든 제 영혼에는 독(毒)이 됨을 느낍니다. 제 자신이 죽음으로 처리되지 않으면 저는 정말 큰 위기 가운데 있다는 것을 깨달았습니다.

《네가 나를 사랑하느냐》를 읽고 너무 극단적인 내용이라고 혹평을 한 사람도 있었습니다. 칭찬받고자 하는 마음을 십자가에 못 박으니 그런 평가도 감사했습니다. 예수님을 인격적으로 알지 못하는 사람들에게는 책 내용이 얼마나 극단적으로 보였을까요!

사람들 앞에 드러날수록 더 깊은 기도, 더 깊은 말씀의 묵상이 필요함을 느낍니다. 사람들이 주목하는 높은 곳에 서더라도, 다 비웃고 조롱하고 무시하는 자리에 처할지라도 변함없이 주님 안에 거할 수 있어야 할 것입니다. 예수께서도 무시당하고 멸시당하고 외면당하고 의심받으셨는데, 난 그런 대접을 받지 않겠다는 것은 주님과 동행하고 주님과 한 몸 되는 것을 거부하는 것이겠지요.

그래서 그동안 수도 없이 "이제는 내가 사는 것이 아니요 오직 내 안에 그리스도께서 사시는 것이라!" 하고 고백하게 하셨나 봅니다. 자아가 날뛸 수밖에 없을 상황에 처하게 될 저를 살리려고 주신 복음입니다.

이번 여행도 저 자신이 얼마나 주님 안에 거하는 자가 되었는지, 항상 주님만 바라보는지, 주님이 보여주시는 것을 볼 수 있는지, 주님이 하시는 일을 할 수 있었는지 점검하는 기회였습니다. 급하고 복잡하고 힘든 상황에 처해보니 알 것 같습니다. 시간이 촉박할 때, 일이 뜻대로 안 될 때, 예상치 못한 어려움이 닥칠 때, 내가 감사하고 찬양하고 기뻐했는지….

때때로 깨어지지 않은 자아가 드러났습니다. 무서운 이기심, 고집, 교만, 나태, 정욕이 드러나기도 했고, 불신과 두려움과 염려가 드러나기도 했고, 여전히 다듬어지지 않은 성품이 드러나기도 했습니다. 그렇지만 감사했던 것은 깨어지고 혼란스럽고 흐트러질 때 즉시 주님을 바라보게 된 것입니다. 그래서 지식으로만 아는 예수님이 아닌 실제 함께하시는 주님을 만나게 된 것입니다.

일상생활 속에서는 잘 보고 듣지 못했는데 여행 중에는 선명하게 보고 들을 수 있었습니다. 영성일기를 통해 주님의 행하심이 드러나게 된 것입니다. 일기를 쓰지 않았다면 보지 못하고 지나칠 뻔했던 주님이었고, 듣지 못하고 지날 뻔했던 주님의 음성이었습니다.

아프리카 코스타에 참석하려고 떠날 때 주님과 동행하는 새로운 경험에 가슴이 설레었습니다. 이제 교회로 돌아와 다시 주님과의 동행을 시작하려 합니다. 설레는 마음으로 오늘 하루를 기대합니다. 여러분도 한번 시도해보시기 바랍니다.

20120720

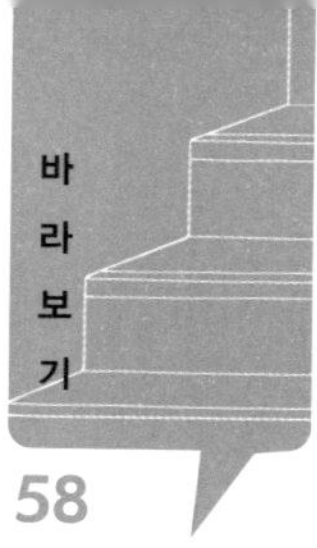

58

자신은 항상 옳다는 함정

LOOKING UNTO JESUS

>>> 신학교 다닐 때, 선택과목 중 '인간관계'라는 과목을 수강했던 적이 있었습니다. 수업 중 토론 과제가 주어졌습니다. 7명이 한 그룹으로 30분 안에 주어진 다섯 가지 과제를 토론하여 몇 가지나 만장일치로 결론을 얻느냐 하는 것이 과제였습니다. 그런데 저희 그룹은 한 가지도 해결하지 못하고 말았습니다.

첫 번째 과제에 대하여 저와 또 한 명, 그리고 다른 다섯 명으로 주장이 갈려 그 과제로 토론하다가 30분이 다 지나가고 말았던 것입니다. 교수님이 제시한 답이 제 주장과 같았기에, 저는 우리가 과제를 수행하지 못한 책임이 저와 다른 의견을 주장한 다섯 명에게 있다고 생각했습니다.

그런데 교수님께서 토론 과정에서 느꼈던 것들을 솔직히 말해보라고 하셨을 때, 한 사람이 충격적인 발언을 했습니다. 토론 중 제 주장이 옳다는 것을 알았지만 제가 너무 강하게 주장하는 것이 기분이 나빴다는 것입니다. 그래서 제 생각이 옳다고 인정하기 싫어서 자기 주장을 끝까지 바꾸지 않았다는 것입니다. 교수님도 만약 제가 첫 번째 과제를 토론할 때, 좀 더 부드러운 태도로 임했다면 그룹이 더 많은 과제를 수행할 수 있었을 것이라고 평가해주셨습니다.

'옳은 의견을 가졌다고 다가 아니구나!'

판단과 행동의 기준은 변합니다. 어릴 때는 오로지 자기가 좋고 싫은 것이 기준이고, 좀 더 자라면 자기에게 이익이 되느냐 손해가 되느냐, 내 편이냐 아니냐가 기준이 됩니다. 좀 더 성숙해지면 옳고 그른 것이 기준이 됩니다. 그러나 주님은 옳고 그른 것도 뛰어넘어야 한다고 말씀하십니다. "하나님의 뜻이냐, 아니냐"가 기준이 되어야 합니다.

이것을 처음 도전받을 때, 이것은 대단히 불편한 진실입니다. 어떻게 옳은 것을 포기할 수 있느냐 말입니다. 그러나 성경은 자신이 옳다고 생각하는 대로 행하는 것을 '죄'라고 말합니다.

"그때에 이스라엘에 왕이 없으므로 사람이 각기 자기의 소견에 옳은 대로 행하였더라"(삿 21:25).

실제로 옳고 그른 것에 매여 전체를 큰 고통 속에 몰아넣는 경우가 많습니다. 다툼과 분열이 여기에 해당됩니다. 완벽주의, 율법주의, 강박관념, 자기 의가 강한 경우, 다 자기가 생각하기에 옳다는 것이 우상이 됩니다. 자신은 항상 옳다는 함정에 빠져 공동체를 깨뜨리고 스스로를 무너뜨립니다.

온 인류를 구원하신 예수님의 십자가 사건이야말로 옳고 그른 것을 뛰어넘은 일입니다. 옳고 그른 것으로 판단한다면 있을 수 없는 일입니다. 그 십자가의 은혜와 사랑을 다른 사람이 받을 때 우리 마음이 불편해집니다. 옳고 그름의 기준으로는 설명할 수 없는 사랑과 은혜이기 때문입니다.

손양원 목사님은 아들 죽인 원수를 양자(養子) 삼았습니다. 옳고 그른 것을 뛰어넘은 것입니다. 아브라함은 이삭을 제물로 바치라는 하나님의 명령에 순종했습니다. 옳고 그른 것을 뛰어넘은 것입니다. 적의 정탐꾼을 숨겨준 기생 라합의 행위 역시 옳고 그른 것을 뛰어넘은 것입니다.

수많은 사람들이 있지만, 하나님은 오직 하나님의 뜻을 행하려는 사람을 보시고 그 가정, 교회, 나라에 역사하십니다. 소돔과 고모라에 의인(義人) 열 사람만 있었다면 그 땅의 많은 죄인들이 살았을 것입니다.

일제시대에 한국 교회가 저지른 죄는 큽니다. 그러나 신사참배를 거부하다가 순교한 이들도 있었습니다. 6.25 전쟁 때에도 많은 순교자가 생겼습니다. 그들로 인해 한국 교회는 하나님의 은혜를 받아 크게 부흥했습니다.

하나님의 뜻을 찾을 때 나만이 하나님의 뜻을 깨닫고 있다는 생각은 무서운 것임을 알아야 합니다. 교만이기 때문입니다. 교만하지 않으려면 성령의 일치를 믿어야 합니다. 성령의 일치를 위하여 우리는 자아의 죽음을 받아들여야 합니다.

"나는 죽었습니다."

그때 주님은 비로소 우리를 하나 되게 하실 수 있습니다. 옳은 것뿐 아니라 하나 됨을 누릴 수 있게 됩니다. 가정에서도 교회에서도 옳고 그른 것만 따지는 마음을 십자가에 못 박고 오직 예수님처럼 기도하시기 바랍니다.

"내 아버지여 만일 할 만하시거든 이 잔을 내게서 지나가게 하옵소서 그러나 나의 원대로 마시옵고 아버지의 원대로 하옵소서"(마 26:39).

예수님처럼 주님의 명령을 듣기 전에 우리가 먼저 100퍼센트의 순종을 올려드리면 주님은 주님의 뜻을 알게 해주십니다.

20120727

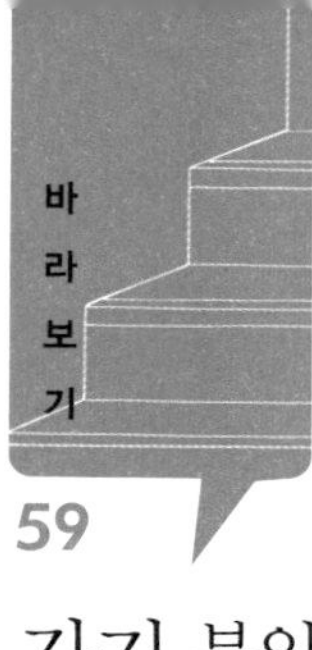

자기 부인

LOOKING UNTO JESUS

››› 어제 아침 한 모임에서 목사님 한 분이 "우리는 언제나 '자기 부인'과 함께 십자가를 지는 자세가 필요하다"고 말씀하시자 옆에 있던 한 목사님께서 "맞아, 부인과 함께 십자가를 지면 아무래도 쉽고 편하지!" 하셔서 한바탕 다 웃었습니다.

많은 사람들이 "나는 죽었습니다"라고 고백하는 것이 힘들고 어려운 일이라고 생각합니다. 그러나 다 그런 것은 아닙니다. "나는 죽었습니다" 하는 고백이 기쁨이며 감사이고 축복인 사람도 있습니다.

예를 들어 흉악한 죄를 지은 자가 있다고 합시다. 기억하기도 싫은 어두운 과거로 인하여 마음의 상처가 깊은 사람이 있다고 합시다. 중증 장애를 가진 사람이 있다고 합시다. 이런 사람들에게는 지금의 자신이 죽고 새로운 사람으로 거듭나는 것이 얼마나 큰 축복이겠습니까? 그렇게 안 되니 안타깝지 않겠습니까?

제 심정이 바로 그렇습니다. 그래서 저는 "나는 죽었습니다" 고백하는 것이 행복하고 기쁘고 감사합니다. 제 삶이 끝나고 예수님의 생명으로 사는 새 삶을 살게 된 것이 믿어지지 않는 은혜입니다.

'자기 부인'은 결코 도(道)를 닦는 수행이나 고행이 아닙니다. 그저 믿기만 하면 되니 황홀한 일입니다. 어떤 목사님이 " '나는 죽었다'고 고백하기만 하면 정말 자아가 죽게 되는 것이냐?"며 빈정거리듯 질문한 적이 있었습니다. 그건 정말 성경을 이해하지 못한 질문입니다.

"나는 죽었다"고 고백함으로 죽게 되는 것이 아니라 "나는 죽었다" 고 고백하는 것은 하나님께서 이미 이루어놓으신 놀라운 은혜를 찬양하며 감사하며 선포하는 것입니다. "아멘입니다. 하나님, 할렐루야!" 하는 것입니다.

자기 자신에 대해 기대를 가지고 있는 사람이 안타까운 것은 '자기 부인'이 힘들다는 것입니다. 그는 너무 늦게서야 자기 자신이 얼마나 죄 덩어리이며 악한지 깨닫게 될 것이기 때문입니다.

목사 과정 중에 있는 전도사들의 심사가 있던 날, 어느 전도사의 설교문을 심사하던 목사님이 매우 심각하게 질문을 했습니다.

"전도사님, 욥기의 주인공이 누구입니까?"

저는 이 목사님이 왜 이런 평이한 질문을 하시는지 의아했습니다. 그 전도사는 너무나 당연한 것을 질문한다는 듯 "욥입니다"라고 답했습니다. 그 대답이 떨어지자마자 목사님이 큰소리로 야단을 치셨습니다.

"그러니 설교문이 이렇게밖에 안 되는 것이잖아요! 욥기의 주인공이 욥이라고 생각하니 성경을 읽어도 깨닫지 못하고 메시지를 얻지 못하는 거예요. 욥기의 주인공이 어떻게 욥입니까? 하나님이시지요! 어느 성경이나 주인공은 언제나 하나님이에요. 아브라함도 다윗도 제자들도 다 엑스트라예요. 성경을 이렇게 읽어야 메시지가 분명해지는 것입니다!"

그 전도사님은 얼굴이 빨게지면서 안절부절못했지만 같은 심사위원이었던 저 역시 매우 부끄러웠습니다. 그러나 어디 성경 읽기만 그렇겠습니까? 우리 인생이 그렇습니다.

여러분은 자기 인생의 주인이 누구라고 생각하십니까? 여러분 자신입니까? 그렇게 생각하니 삶이 혼란스럽고 하나님의 뜻을 알기 어려운 것입니다.

우리가 예수님을 믿기로 결단한 순간,
우리 삶의 주인은 예수님입니다.
예수님이 우리의 생명이고 주님이심이 분명하면
인생의 길도 문제의 답도 분명해집니다.
'나의 인생'을 '주님을 위하여' 살려니 힘든 것이지,
'예수님의 삶'을 사는 것이라면 순종도 어려운 것이 아닙니다.

영성일기를 쓰면서 요즘 제게 예수님 아닌 그 어떤 낙(樂)도 없어졌음을 절감합니다. 돈을 모으려는 욕심도, 이름을 알리려는 명예욕도, 크게 성공해보려는 야망도, 흔한 취미생활도 제게는 낙이 아닙니다.

이러니 예수님 없는 자기 부인은 허무주의에 빠지거나 무기력증에 빠질 만하다고 생각됩니다.

그러나 저의 삶은 상상하기 어려울 정도로 새롭고 감사한 일의 연속입니다. 어제도 서울대 기독인 연합 부흥회를 마치고 집으로 돌아오면서 “주님이 하셨습니다”라고 고백했습니다. *20120928*

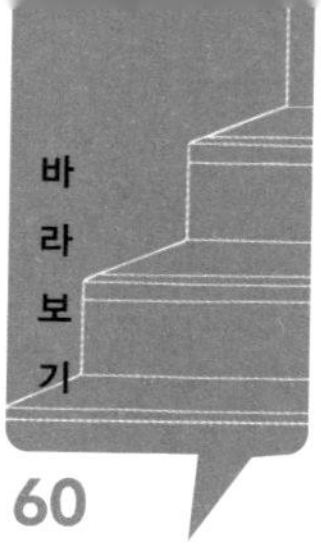

60

지옥에 갈 수밖에 없는 죄인

L O O K I N G U N T O J E S U S

››› 페이스북에 올린 글을 읽고 한 분이 저에게 메일을 보내오셨습니다.

"목사님이 '욕심도 많고, 믿음도 없고, 능력도 없고, 재주도 없고, 말도 제대로 못하고, 화도 잘 내고, 게으르고, 의지도 약하고, 용기도 없고, 유혹에 약하고, 기도도 안 하고, 전도도 안 하고…'라고 하신 게 솔직하다고 느껴지기보다는 목사님 자신을 너무 비하하시는 것 같습니다. 정말 믿어지지 않습니다. 이제 더 이상은 여러 사람 앞에서 그런 이야기는 하지 마시길 부탁드립니다."

사실 어떤 분은 저의 고백이 이해가 안 되실지 모릅니다. '겸손의 표현이겠지!'라고 생각할는지 모르겠습니다. 그러나 그렇지 않습니다. 제가 1984년 4월 광주통합병원에서 예수님을 만나 눈이 뜨이기 전까지, 저도 제가 그렇게 큰 죄인이리라고는 그 가능성조차 생각해보지 못했던 사람입니다.

저는 어려서부터 만나는 사람에게 "착하다, 모범적이다"라는 말을 들었습니다. 그러니 저 역시 당연히 나는 착하고 모범생이고, 세상에는 나쁘고 못된 사람들도 많다고 생각했습니다. 그런데 이것이 가장 큰 죄였던 것입니다. 저는 그것을 몰랐습니다.

예수님은 당시 경건한 바리새인이 말할 수 없는 죄인 세리보다도 더 큰 죄인이라고 말씀하셨습니다. 바리새인이 자기는 의로운데, 세리는 더러운 죄인이라고 정죄했다는 이유 하나 때문이었습니다. 제가 바로 그 바리새인이었던 것입니다.

한번은 성령의 강한 역사로 공개 회개하는 역사가 일어났던 적이 있었습니다. 사람들이 숨기고 살았던 음란과 간음의 죄, 거짓말과 도둑질 등을 고백했습니다. 모두들 큰 충격을 받았는데 "어떻게 그럴 수 있느냐?", "배신감을 느낀다"는 등의 반응을 보이는 이들이 적지 않게 생겼습니다.

기독교에서는 전통적으로 7가지 죄를 꼽는데, 첫째가 교만이고, 둘째 질투, 셋째 분노, 넷째 탐심, 다섯째 탐식, 여섯째 게으름, 일곱째 정욕입니다. 이 리스트를 보면 정욕이 마지막이고 가장 먼저 나오는 죄가 교만임을 알 수 있습니다. 교만이 가장 무서운 죄라는 것입니다.

우리의 문제는 음란, 간음, 도둑질 등은 정말 수치스러운 큰 죄라고 여기지만 교만 같은 죄는 그다지 큰 죄로 여기지 않는다는 것입니다. 그러나 예수님이 그토록 싫어하셨던 바리새인의 죄는 '교만'이었습니다. 자기 의가 강한 사람입니다.

예수님 안에서 보아야 비로소 자신이 어떤 죄인인지 알 수 있습니다. 결코 사랑스럽지 않다는 것을, 지옥에 갈 수밖에 없는 죄인임을 깨닫게 되는 것입니다. 당신도 자신이 지옥에 갈 수밖에 없는 죄인이었음을 아십니까?

많은 그리스도인들이 기도할 때, 흔히 "말할 수 없는 이 죄인이…" 라며 자신을 고백합니다. 여러분도 자신이 말할 수 없는 죄인이라는데 동의하십니까? 그렇다면 누가 당신의 허물을 비난하고 지적할 때 당연한 것으로 받게 되었습니까? 지옥에 갈 수밖에 없는 죄인은 '할 말이 없는 사람'입니다!

그러나 누군가 자신을 지적하고 비난할 때 자존심이 상하고 화가 난다면, 당신은 아직 자신이 지옥에 갈 죄인이었음을 깨달은 것이 아닙니다. 세리보다는 바리새인에 가까운 사람입니다.

제가 주님을 만나고 고꾸라진 것은, 제 자신이 말할 수 없는 죄인이었다는 사실과, 나아가서 그런데도 주님이 그런 죄인을 사랑하신다는 것이 너무나 충격이었기 때문입니다.

"왜 날 이렇게 사랑하시는 것이지요?"

어제 서울대에서 열린 서울대 기독인 연합 부흥회에서 설교를 했습니다. 제가 서울대에 부흥회를 하러 간다는 광고를 보고 서울대 출신 교수 한 분이 간절한 메일을 보내주셨습니다.

"목사님, 서울대생들은 너무나 불쌍합니다. 자아가 죽었다는 것을 인정하기 어렵기 때문입니다. 차이는 있겠지만 서울대생들은 기본적으로 성실함이 몸에 배인 사람들입니다. 그 성실함으로 서울대에 들어왔습니다. 그러나 어찌 보면 그들에게는 '자아'가 전부입니다. 그래서 예수님을 만나도 자아가 깨지기 쉽지 않습니다. 그들에게 '나는 죽고 예수로 사는' 복음이 정말 필요합니다.

또한 서울대생들은 교만과 열등감의 극을 왔다 갔다 하며 고통당하는 자들입니다. 자신을 바라보는 것이 아니라 예수님만을 바라보아야 하는데, 그것을 알지 못합니다. 하나님께서 목사님을 사용하셔서 서울대인들에게 나는 죽고 예수로 사는 삶, 24시간 예수님만 바라보는 삶을 깨우쳐주시기를 소원합니다. 서울대 후배들이 온전히 자아가 죽었음을 인정하고, 예수님만으로 살아가는 자들이 되기를 소망합니다."

저도 간절히 기도하고 갔습니다. 그런데 놀라운 일이 있었습니다. 설교 전에 교수님 한 분이 간증을 하셨습니다. 그 교수님은 나오자마자 "나는 죄인임을 고백하려고 나왔습니다"라고 하시는 것입니다.

그러면서 대학생 때 열심히 신앙생활 하던 이야기부터 유학 중 영적으로 실족했던 일 그리고 한동안 탕자처럼 살았던 일을 고백하셨습니다. 그런데 도무지 회복될 것 같지 않던 자신을 위하여 주변 동료 교수들이 간절하고 눈물 어린 기도를 해주었고 정말 기적같이 말씀의 회복, 영적 회복을 얻었다고 했습니다. 그러면서 "제가 탕자였습니다, 다시는 술을 마시지 않겠습니다"라는 충격 선언을 하셨습니다.

저는 지금도 육신적으로는 여전히
지옥에 갈 수밖에 없는 죄인입니다.

제가 육신을 가지고 있는 동안 내내 그럴 것입니다.
그러나 예수님 안에서 저는
예수님과 생명이 바뀐 자임을 알게 됩니다.
십자가의 능력입니다.
그래서 저는 날마다 죽습니다.
사도 바울의 고백이 나의 고백이 되었습니다.
매 순간 나는 죽고 예수로 사는 것입니다.
이것이 "나는 죽었습니다"가
저의 노래가 된 이유입니다.

20120927

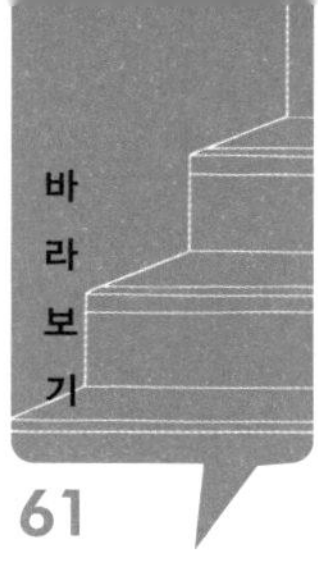

61

변하지 말아주세요!

LOOKING UNTO JESUS

››› 사람들은 제게 변하지 말아달라고 합니다.

"목사님, 사랑하고 존경해요. 지금 이 모습, 변하지 말아주세요."

"좋은 말씀 감사합니다. 부디 초심을 잃지 않으시길…."

"현재 한국 교회에 존경할 만한 분들이 넘어지는 것을 바라보고 있으면 마음이 많이 아픕니다. 젊은 사람들이 더 이상 희망을 저버리지 않도록 귀한 축복의 통로 역할을 잘 감당하셨으면 합니다."

"생각과 말과 삶이 하나 되는 지도자가 그립습니다. 목사님께서 실천하려고 애쓰시는 문제를 말씀하시는 것이겠지요?"

이런 말을 들을 때마다 저는 너무나 마음이 무겁습니다.

주님은 계속해서 제게 "변해야 한다"고 하십니다. 아니 "변해야 산다"고 하십니다. 오늘도 제게 주신 말씀은 얻은 것도 이룬 것도 아니라는 것이었습니다.

"내가 이미 얻었다 함도 아니요 온전히 이루었다 함도 아니라 오직 내가 그리스도 예수께 잡힌 바 된 그것을 잡으려고 달려가노라"(빌 3:12).

저는 이제 겨우 빛을 보았을 뿐입니다. 문이 조금 열린 것뿐입니다. 저 자신에 대한 소원은 없어졌습니다. 제가 더 거룩하고 훌륭하고 존경받는 목사가 되려는 마음조차 내려놓았습니다. 사도 바울이 고백한 것처럼, 제가 예수님 안에 있음을 발견할 수 있다면 모든 것을 배설물처럼 버릴 수 있겠습니다(빌 3:7-9). 오직 주어진 때와 주어진 자리에서 주님이 원하시는 일을 하고 싶을 뿐입니다. 주님의 마음을 품고 싶을 뿐입니다.

제 육신은 너무나 강합니다. 사람들이 저를 볼수록 제 육신만 더 드러나게 될 뿐입니다. 실망스럽고 실족할 뿐입니다. 최근에는 무서운 몸부림 가운데 살고 있습니다. 정말 치열한 영적 싸움이 마음 안에서 벌어지고 있습니다. 마귀가 작정한 듯이 저를 묶으려 달려들고 또 달려듭니다. 마귀가 '유명해졌다'는 것, '사람들의 주목을 받는다'는 것, '교회가 외적으로 성장한다'는 소문 등으로 제 영혼을 무섭게 공격하고 있습니다. 육신을 계속해서 사로잡아 옵니다. 조금만 정신 줄을 놓으면 금세 마음이 메말라짐을 느낍니다.

저는 몸부림을 치고 또 몸부림을 치며, 마귀가 쳐놓은 덫에 걸리지 않으려고 합니다. 어려울 때의 답답함과 고통이 얼마나 큽니까? 그러나 잘될 때 영혼이 당하는 마귀의 공격은 더 무섭습니다. 잘되고 있다는 것이 보이기 때문에 더 위험합니다.

6년 만에 만난 반가운 교인이 있었습니다. 만나자마자 서로 보며 말했습니다.

"하나도 안 변했어요!"

그런데 6년 전 사진을 꺼내 보다가 알게 되었습니다.

"많이 변하셨네요. 참 많이 늙으셨네요."

우리는 자신이 변하는 것을 느끼지 못합니다.

하지만 실제로 계속 변해갑니다.

저는 제가 변해야 함을 느낍니다.

더 변해야 하고 계속 변해야 합니다.

변하지 않으면 죽습니다.

계속 굳어지다가 순간 나락에 떨어져버릴 것입니다.

마귀는 조금만 방심해도 무서운 늪으로 제 영혼을 끌고 갑니다.

사도 바울은 예수 그리스도를 바라볼수록 자신이 죄인 중의 괴수임을 깨달았습니다. 빛을 바라보니 어둠이 더 어둡게 느껴진 것입니다.

저는 예수님에 대해 설명하고 가르치기보다 함께하시는 그분을 증거하고 싶습니다. 저를 통해 드러나시는 예수님이 곧 생수의 강임을 깨달았습니다. 그래서 저는 오직 예수님만 바라봅니다. 예수님과 하나가 되고 싶습니다.

제가 할 수 있는 것은 마음을 열고 사는 것입니다.

주님께, 그리고 모든 이들에게!

20121126

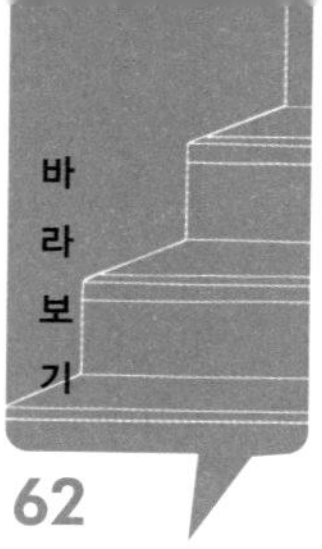

62

약해져가는 것이 감사합니다

LOOKING UNTO JESUS

>>> 요즘 주님이 저를 다루시는 것 중 하나는 '사역을 조절하는 것'입니다. 50대 중반을 넘기면서 부쩍 몸이 약해진 것을 느낍니다. 그래서 주일 설교도, 젊은이교회 설교도, 교회 내 사역도, 교회 외부 사역도 다 조절하고 있습니다. 마음 같아서는 얼마든지 더 할 수 있을 것 같은데, 도저히 감당할 수 없음을 인정해야 한다는 것이 속상합니다. 교회에 어려움이 되지는 않을까 한편 걱정스럽기도 합니다.

그런데 오늘 주님은 제가 약해진 것이 제게 유익하다고 말씀하셨습니다. 예수님도 겟세마네 동산에서 약해지셨습니다. 십자가는 분명 능력이지만 또한 약함의 상징이기도 합니다. 주 예수님은 그리스도이시지만 또한 죄 없이 십자가에 못 박혀 죽으셨습니다. 우리를 위해 세상에서 가장 약한 자가 되셨습니다. 그러나 그 십자가를 지나 부활의 영광에 이르셨습니다. 세상에서 가장 강한 자가 되신 것입니다.

저는 사도 바울이 “내가 약한 것을 자랑하리라”(고후 11:30), “내가 약한 그때에 강함이라”(고후 12:10)고 고백한 것을 솔직히 이해하지 못했습니다. 약한 것을 인정하기도 힘든데, 약한 것을 받아들이기도 쉽지 않은데 자랑한다니! 그리고 약한 때 강하다니! 어떻게 그럴 수 있을까 궁금했습니다.

저는 마음에 계신 예수 그리스도를 바라보면서 비로소 사도 바울의 고백을 조금이나마 이해할 수 있게 되었습니다. 사도 바울이 자신의 약함을 체험하면서도 낙심하거나 좌절하지 않았던 것은 예수 그리스도 안에서 살았기 때문이었습니다.

“내게 능력 주시는 자 안에서 내가 모든 것을 할 수 있느니라”(빌 4:13).

성적이 나쁜 것이 공부를 열심히 하지 않았기 때문이라면 부끄러운 일입니다. 그러나 최선을 다했는데도 좋은 성적이 나오지 않았다면 그것은 약한 것입니다.

약한 것은 부끄러운 것이 아닙니다.
좌절해야 할 일도 아닙니다.
영적으로는 대단히 중요하고
복된 일이고 감사할 일입니다.
주님과의 올바른 관계를 위해
반드시 필요한 일이기 때문입니다.

사도 바울은 약했기에 주 예수님을 더 알게 되었습니다. 그래서 주 예수님만 바라보았고, 오직 예수님 안에 거하기를 힘써 능력 있는 사도가 되었습니다.

"크게 기뻐함으로 나의 여러 약한 것들에 대하여 자랑하리니 이는 그리스도의 능력이 내게 머물게 하려 함이라"(고후 12:9).

깨닫고 나면 죽을병에 걸린 것, 인생 밑바닥에 내동댕이쳐진 것, 아무것도 할 수 없이 무능해진 것, 모든 사람들로부터 손가락질받게 된 것까지 모두 감사한 일입니다.

실제로 가장 어려운 일이 약해지는 것입니다. '죽었다'고 믿으면 해결 안 될 문제가 없겠지만 그것이 너무 어렵습니다. 운동을 하든, 치료를 받든, 사람을 대하든, 가장 중요한 것이 '힘을 빼는 것'입니다. 항상 힘이 너무 많이 들어가서 문제입니다. 힘을 빼는 것조차 마음대로 안 되어서 문제입니다. 그런데 그것이 저절로 되었으니 얼마나 감사한 일입니까!

인간의 약함을 통해서 하나님의 강함을 나타내시는 것이 '십자가 복음'입니다. 몸이 약해진 지금에서야 인간의 약함을 통해 하나님의 강함을 체험하는 것이 무엇인지 조금 알 것 같습니다.

저는 약해지면 끝나는 줄 알았습니다. 제가 약해지면 교회가 어려워질 것이라 생각했습니다. 사역이 중단될 것이라 생각했습니다. 아내에게도 두 딸들에게도 불행이 닥쳐올 것이라 여겼습니다. 저를 바라보고 있는 많은 사람들을 실망시키고 혼란에 빠뜨릴 것이라 생각했습니다.

그래서 어떻게 해서든지 약해진다는 것을 인정하고 싶지 않았을뿐 더러 두려움도 컸습니다. 그러나 제가 약해지는 것이 제가 사는 것이고, 진정 주 예수님의 사람이 되는 것이었습니다. 제가 약해지면서 주 예수님은 제게 더욱 분명해집니다.

요즘 저는 예수님 안에 거하는 시간이 그렇게 좋을 수가 없습니다. 오늘 새벽에도 그랬습니다. 기도 중에 예수님 안에 거하는 순간, 평안이 임했습니다. 예수님 안에 거할 수 있음이 얼마나 감사한지요. 놀라운 회복이 임했습니다. 두려움과 염려가 사라지고 스트레스에서 건짐을 받았습니다. 그리고 샘솟듯이 말씀이 임했습니다.

오늘 새벽, 순회선교단 조완순 선교사님께서 극심한 기독교 박해 지역, 도저히 복음의 흔적도 그림자도 없을 것이라 생각되던 곳에 너무나 놀라운 복음의 열매들이 맺어지고 있다는 사실을 전해주었습니다. 우리가 가장 약해진 곳에서 주 예수님의 강함이 드러나고 있습니다. 이것이 복음의 능력이고 기독교 역사가 증거하는 것입니다.

이제 저는 약한 것으로 더 이상 염려하지 않기로 했습니다. 제가 약하기에 주 예수님만을 더욱 바라보게 되었으니 약한 것이 오히려 감사할 일입니다.

그러나 한편 이 글을 올리는 것이 조심스럽기도 합니다. 은혜를 받았기에 나누는 것이지만, 이 글로 걱정하는 말을 듣게 될까 부담이 됩니다. 저를 위해 기도해주실 마음이 있으시다면 약한 것에 감사할 뿐 아니라 약한 것을 자랑하는 눈이 열리기를 기도해주시기 바랍니다.

"내가 부득불 자랑할진대 내가 약한 것을 자랑하리라"(고후 11:30). *20121211*

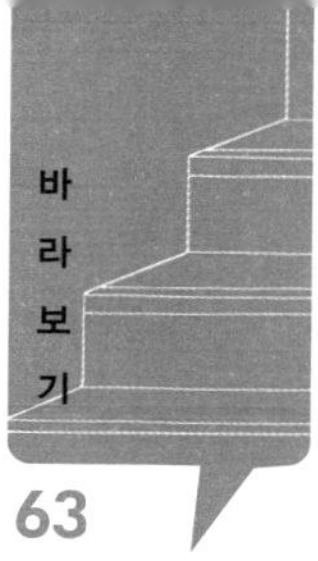

63

주님이 하시는 일을 보시나요?

LOOKING UNTO JESUS

››› 사람이 살기 위해서는 즐거움이 있어야 합니다. 살아갈 즐거움이 없다고 상상하기만 해도 끔찍합니다. 문제는 '무엇 때문에 즐거운가?' 하는 것입니다. 무슨 즐거움으로 사느냐에 따라 인생이 완전히 달라집니다.

24시간 주님을 바라보면서 제 즐거움의 조건이 너무나 달라졌습니다. 교회가 부흥하는 것을 보는 것도 즐거움이 아닙니다. 이름을 알려 유명해지는 것도 즐거움이 아닙니다. 사람들의 칭찬을 듣고 높임을 받는 것도 즐거움이 아닙니다. 돈을 많이 버는 것도 즐거움이 아닙니다. 먹는 것도 즐거움이 아니고, 그렇다고 즐기는 운동이 있는 것도 아니고, 영화를 보는 것도, 여행을 다니는 것도, 사진을 찍는 취미가 있는 것도 아닙니다. 그러고 보면 저는 참 재미없는 사람입니다.

그렇다면 무슨 즐거움으로 사는지 생각해보았습니다. 무슨 즐거움이 있으니까 이렇게 힘을 다해 살아가는 것 아니겠습니까? 하지만 제 삶의 즐거움이 뭐라고 딱히 말하기는 어려웠습니다. 그런데 어제 팀 한셀(Tim Hansel)이라는 유명한 교육자가 쓴 글을 읽고 깜짝 놀랐습니다. 제가 지금 누리는 즐거움이 무엇인지 깨닫게 해주었기 때문입니다.

팀 한셀이 10년 만에 만난 친구에 대하여 말했습니다. 10년 전에도 참 성실한 그리스도인이었는데, 10년 만에 다시 만났을 때 그는 놀라운 모습으로 변해 있었습니다. 그는 성령충만했고 기쁨과 확신에 넘쳐 있었습니다.

"그동안 네게 무슨 일이 일어났는지 설명해줄 수 있겠니?"

"응. 로마서를 다시 읽고 내가 정말 죄인이라는 것과 성령님께서 내 안에 오셨음을 깨달은 후부터야."

"그것은 전에도 마찬가지였잖아?"

"맞아. 내가 죄인이라는 것은 항상 알고 있었지. 그러나 전에는 내가 크리스천이 되었으니 더 이상 죄를 지어서는 안 된다는 생각만 했어. 내가 잘못을 저지를 때면, 며칠 동안 나 자신을 저주하곤 했지.

그런데 로마서를 읽고 두 가지 중대한 사실을 깨달았어. 나는 죄인이고, 또 앞으로도 죄를 지을 수밖에 없다는 거야. 나는 이 진리를 비로소 받아들였어. 나는 언제나 이기적이고 죄를 선택하게 될 것이라는 것이지. 그 후부터 내가 죄를 범해도 숨기거나 좌절하지 않게 되었어. 죄책감으로 나를 쥐어뜯는 일을 하지 않고 주님께 고백했어.

오래전에 로렌스 형제가 사람들로부터 '당신은 죄를 지었을 때 어떻게 하느냐?'는 질문을 받았을 때, '그저 하나님께 고백하고 나서 계속 살지요'라고 말했다는데, 이제 로렌스 형제의 말을 이해할 수 있게 되었어.

그러나 두 번째 깨달은 것은 더 놀라워. 내가 만일 어떤 좋은 일을 했다면, 그것은 내가 아니라 내 안에 오셔서 역사하시는 성령 하나님이 하셨다는 사실을 깨달은 거야. 내게 좋은 변화가 일어날 때마다 나는 그것이 성령님의 능력이라는 것을 알았어.

그 후부터 나는 나를 통해서 성령 하나님이 어떻게 역사하시는가를 지켜보는 재미로 살고 있어. 나는 그저 그분이 하시는 일에 감사하고, 놀라고, 기대할 뿐이야.

예전의 나는 나의 죄성(罪性)을 바라보며 낙심에 빠져 살았지. 그러나 예수님을 영접한 사람은 자신 안에 역사하시는 성령님을 바라보며 살아야 한다는 것을 깨달았지. 이제 난 항상 내 삶에 역사하시는 성령 하나님을 보고 있어. 이것은 일시적인 감정이 아니야. 정말 생생한 사실이고 끊임없이 일어나는 사건이야."

팀 한셀이 말했습니다.

"내 친구는 변화되었습니다. '나쁜 사람'에서 '좋은 사람'으로가 아니라, '좋은 사람'에서 '놀라운 사람'으로 말입니다. 그녀는 전에도 성실하고 도덕적인 크리스천이었습니다. 그러나 그녀가 복음의 진리와 성령님에 대해 깨닫고 난 다음 그녀의 삶은 불이 있는 사람, 불을 붙이는 사람이 되었습니다."

제가 요즘 누리는 즐거움 역시 주님이 하시는 일을 보는 것입니다.

여전히 제 안에는 끊임없이 육신의 소욕이 일어납니다. 그러나 '나는 죽고 예수로 사는 십자가 복음'을 분명히 하면서 이제는 주님의 마음과 역사를 더 분명하게 느낍니다. 그리고 주님이 하시는 일을 계속 보게 됩니다.

오늘 주님은 저에게 그리고 제 주위에서 무슨 일을 하실까요? 정말 기대가 됩니다.

20121215

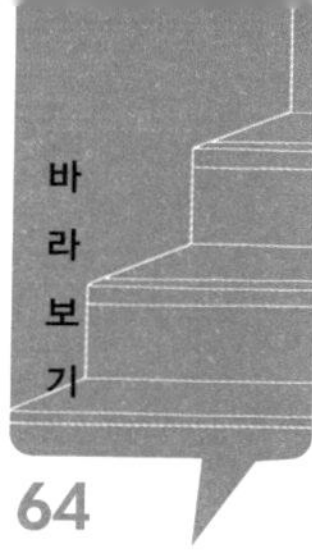

64

자신에게 절망하십시오

LOOKING UNTO JESUS

››› 어제저녁 집회에서 새로운교회 한홍 목사님의 설교로 큰 은혜를 받았습니다. 설교 후 성령께서 교인들에게 강력한 기도의 영으로 역사하셨습니다. 저도 뜨겁게 기도하였지만 모든 이들이 다 그렇게 충만한 것은 아니었습니다. 제게 다가와 기도를 요청하는 분들이 있었는데, 그중에는 마음이 무너진 이들이 있었습니다.

"새해 들어 며칠 되지 않았는데, 벌써 결단한 것이 무너졌습니다."

이것은 기도 제목이 아니라 탄식이었습니다.

'오, 주여, 어찌합니까? 결국 안 되는 것입니까?'

애를 써도 안 되고 결단을 해도 안 된다고 절망에 빠져버린 이들입니다.

"벌써 무너졌어요!"

사실 좀 심하다 싶기는 했습니다. 이제 겨우 1월 3일인데 말입니다. 작심삼일(作心三日)이라는 말이 틀린 말이 아닌 모양입니다. 그러나 어차피 무너질 것이라면 3일이면 절망이고 3개월 후면 괜찮은 것일까요? 저는 절망하는 교우를 위해 기도하면서 주님이 오히려 기뻐하시는 것을 느꼈습니다. "내게 맡겨, 오직 내 안에 거하기만 해!"라고 하십니다.

이제 때가 된 것입니다. 그동안 저도 얼마나 실패하고 좌절하고 절망했는지 생각이 났습니다. 저는 안 되는 줄 알았습니다. 변화란 불가능하다고 생각했습니다. 무거운 짐, 얽매이기 쉬운 죄를 벗어버리려고 몸부림치고, 넘어지지 않으려고 노심초사하다가 결국 무너지고 절망하는 일을 반복하였습니다.

그때 저는 몸부림치는 것 때문에 실패를 반복한다는 것을 몰랐습니다. 우리가 절망할 때 주님이 기뻐하시는 것은 우리가 십자가의 영광을 보게 될 때가 가까웠기 때문입니다. 우리 자아의 실체를 정확하게 깨닫는 눈이 뜨였기 때문입니다.

"나는 안 되나 봐!"

그렇습니다. 바로 그것입니다. 우리는 안 됩니다. 애를 써도 결단을 해도 우리는 안 됩니다. 우리는 절망입니다. 그러나 그렇기 때문에 영 안 되는 것은 아닙니다. 우리가 바로 살 수 있는 길이 있습니다. 십자가를 통과하는 것입니다.

"무릇 그리스도 예수와 합하여 세례를 받은 우리는 그의 죽으심과 합하여 세례를 받은 줄을 알지 못하느냐 그러므로 우리가 그의 죽으심과 합하여 세례를 받음으로 그와 함께 장사되었나니 이는 아버지의 영광으로 말미암아 그리스도를 죽은 자 가운데서 살리심과 같이 우리로 또한 새 생명 가운데서 행하게 하려 함이라"(롬 6:3,4).

십자가에서 예수님과 함께 죽고 부활하신 예수님과 함께 다시 사는 자가 십자가를 통과한 자입니다.

제가 제 자신에 대하여 절망의 나락에 빠졌을 때, "나는 죽었습니다"라는 고백은 제게 구원의 줄이었습니다. 죽고 싶은데 이미 죽었다니 말입니다. 주님은 절망에 빠진 제게 "내 안에 거하고 편히 잠을 자라" 하셨습니다. 그래서 마음은 정말 비참하였지만 잠을 잤습니다. 그때 저는 비로소 주님께 맡기는 것이 무엇인지 조금 알 것 같았습니다.

새해가 얼마 지나지 않았는데, 벌써 무너지고 좌절한 이들이 있다면 잠잠히 주님의 말씀을 들으셔야 합니다. 우리 안에서 실패한 자아는 소리를 칩니다. 비명을 지릅니다. 깊은 탄식을 내뿜습니다. 그러다가 절망의 깊은 침묵에 빠집니다. 그렇기에 무엇보다 먼저 나의 자아가 죽음으로 처리되어야 합니다.

"나는 죽었습니다" 라고 하면 주님의 말씀이 들립니다.
"염려하지 말라."
"걱정하지 말라."
"두려워하지 말라."
"감사하라."
"기뻐하라."
"노래하라."

실패했다고 상심하지 마시기 바랍니다. 우리는 조금 더 늦게 무너지는 것을 목표로 삼아서는 안 됩니다. 우리의 목표는 온전함입니다. 진정한 승리를 경험하는 것입니다. 우리가 반복되는 실패에서 구원받는 길은 더 노력하는 것이 아니라 '나는 죽고 예수로 사는 십자가'를 붙잡는 것입니다. 그리고 보이지 않는 주 예수님을 보이는 분처럼 바라보게 되는 것입니다.

주님과 하나가 된 자에게는 힘든 상황과 여건이 다 간증거리가 될 뿐입니다. 실패조차 간증이 됩니다. 실패를 감사하고 실패를 오히려 기뻐하게 됩니다. 실패를 통하여 주님과 하나 되지 못한 상태가 어떤 것인지 깨닫게 됩니다. 그리고 진정한 십자가의 영광을 누리는 삶으로 나아가게 됩니다.

20130104

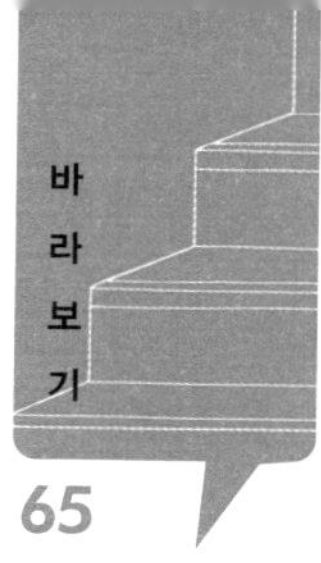

65

자아 죽음의 복음

LOOKING UNTO JESUS

››› 누가 "나는 죽었습니다"라고 할 수 있습니까? 그렇다면 자기 자신이 얼마나 악한지 깨달은 사람입니다. 이 사람은 '자아의 죽음'이 복음임을 압니다.

지난 주일 젊은이교회 예배 때, 남아프리카공화국으로 단기선교를 다녀온 한 자매가 간증을 하였습니다. 울먹이는 간증을 들으며 저도 깊은 은혜를 받았습니다.

이번 젊은이교회 남아공 단기선교 팀은 케이프타운 근처 흑인 집단 거주지에서 어린아이들을 위한 성경학교 사역을 하였는데, 성경학교를 시작하기 전에 먼저 학교 주변 울타리 작업을 하고, 옆 도랑에 쌓인 쓰레기를 치우는 작업을 하였답니다.

쓰레기로 뒤덮인 그곳 도랑의 물은 까맣고 끈적끈적한 오물이 되어 있었고, 끝이 보이지 않는 쓰레기를 하나하나 들어 올릴 때마다 구더기와 악취 때문에 너무나 힘이 들었다고 합니다.

이렇게 쓰레기를 치우고 있는데, 마을 아이 두 명이 쓰레기 치우는 것을 도와주는 것이 보였고 아이들이 반갑고 너무 대견해서 얼굴을 어루만져주려고 하다가 스스로 깜짝 놀랐답니다.

쓰레기 치우던 장갑을 낀 채 아무렇지 않게 아이들을 만지려고 했기 때문입니다. 쓰레기 오물이 자기 몸에 튀는 것조차 그렇게 싫어했으면서, 오물로 더럽혀진 장갑을 낀 채 그 아이들에게 손을 내밀다니, 게다가 그 아이들이 맨손 맨발로 쓰레기 치우는 일을 돕는 것을 보니 마음이 먹먹해졌답니다.

그 아이들에게 십자가 복음과 하나님의 사랑을 전해주려고 한다면서, 정작 아이들을 존귀하게 여기지 않는 자신의 내면을 보고, 정말 더러운 것은 정착촌의 도랑이 아니라 자신의 마음이라는 것을 깨닫게 되어 너무나 당황스러웠다는 것입니다.

그 순간 도랑에서 강아지 시체가 나왔고 너무 놀라기도 했지만 그때부터 쉴 새 없이 눈물이 나왔다고 합니다. 자기 안의 더러운 자아가 그대로 비춰지는 것 같았기 때문입니다. 죄로 가득한 자신의 마음은 단순한 쓰레기 더미가 아니라 죽은 시체들로 썩어가고 있었답니다.

그러면서 자매가 울먹였습니다.

"주님께서 이런 제 마음을 더럽다고 주저하고
들어오지 않으셨다면 지금의 저는 없었을 것입니다.
주님은 더러운 제 마음에 들어오셔서
제가 살아 숨 쉬도록,

썩은 고인물이 되지 않도록
이끌고 계심이 느껴졌습니다.

저는 비로소 주님만이 오직 제 삶의 길이며, 남아공의 죽은 영혼들을 살릴 수 있는 길도 오직 복음뿐이란 것을 알았습니다. 그리고 주님을 위해 더욱 정결한 마음을 드리고 싶어져서 열심히 도랑을 치웠습니다."

우리에게 가장 귀한 은혜는 더럽기 짝이 없는 우리 마음에 임하신 주 예수님이십니다. 이것을 깨닫는 자는 "나는 죽었습니다"라고 고백하는 것이 기쁨이요 감사요 복음입니다. 그때부터 주님은 그의 삶에 '생명'으로 역사하십니다.

20130307

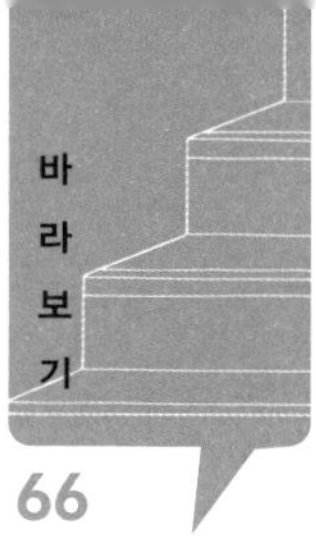

십자가 체험이 분명합니까?

LOOKING UNTO JESUS

››› 예수님을 믿고도 삶의 변화가 없는 중요한 이유 중 하나는 십자가의 체험이 분명하지 않기 때문입니다.

예수님을 믿으면 모든 죄가 용서받는다더라, 십자가의 은혜로 우리가 하나님 앞에서 의롭다 함을 받았다더라가 아니라 "하나님의 두렵고 떨리는 심판대 앞에 서본 적이 있는가?", "예수님 때문에 그 심판 자리에서 구원받은 적이 있었는가?" 하는 것입니다.

요한복음 8장에 간음하다가 현장에서 붙잡힌 여인은 무서운 심판대에 서 있었습니다. 돌에 맞아 죽을 절체절명의 순간이었습니다. 이 얼마나 두렵고 절망적인 순간입니까? 이런 상황에서 이 여인은 예수님으로 인하여 값없이 구원받았습니다.

이 사건 후 여인은 틀림없이 변화된 삶을 살았을 것입니다. 무엇보다도 용서와 사랑, 경건함과 감사의 삶을 살았을 것입니다. 분명히 하나님의 심판대를 경험하였고 십자가를 통과하였기 때문입니다.

여러분은 하나님의 심판대 앞에 서본 경험이 있었습니까? 저는 1984년 광주통합병원 수술 대기실에서 제가 지옥에 갈 죄인임을 깨닫는 체험을 했습니다. 그날 비로소 속죄(贖罪)의 십자가를 바라보는 눈이 열렸습니다. 이전에 수없이 듣고 들었던 십자가 복음이었지만 그날은 달랐습니다.

저는 목회하면서 한동안 교회 성장에 매달렸습니다. 목회를 하면 반드시 교회를 성장시켜야 한다고 생각하였습니다. 마치 공부를 하면 꼭 1등을 해야 한다는 식이었습니다. 교회 성장이야말로 그 당시 제가 생각했던 부흥이었습니다. 교회를 성장시키기 위하여 어느 누구에게도 부끄럽지 않을 만큼 노력했습니다. 휴가 한 번 마음 편히 가보지 않았습니다. 설교를 잘해야 교회가 성장한다고 하여, 토요일이면 제 설교 준비로 집안은 초비상이 되어야 했습니다.

그러나 문제는 노력한 만큼 교회가 눈에 띄게 성장하지 않았다는 것입니다. 교인들 사이에서 "목사님이 우리를 들볶는다", "뱁새가 황새 따라가다 가랑이 찢어진다" 하는 말이 나오기 시작했습니다. 저는 그렇게 말하는 교인들이 정말 미웠습니다.

저는 계속 "부흥을 주옵소서" 하고 기도하였습니다. 당시 하나님의 부흥은 집회 중에 성령의 강한 역사로 기적과 같은 일들이 나타나는 것이라고 생각하였습니다. 하나님께서는 결국 저의 기도에 응답해주셨습니다. 하지만 하나님께서 제게 주신 응답은 전혀 뜻밖의 것이어서 한동안 그것이 응답임을 깨닫지도 못하였습니다.

어느 날 새벽 기도회를 마치고 강단 뒤에서 부흥을 달라고 기도하다가 골고다 산상에 선 '십자가의 예수님'을 바라보는 체험을 하였습니다. 십자가에 달리신 예수님의 머리와 양손과 발에 흐르는 피, 예수님이 당하신 말할 수 없는 고통과 모욕, 엄청난 슬픔, 고독을 보았습니다.

십자가의 예수님을 바라보면서 자꾸만 눈물이 흘렀습니다. 너무나 슬펐습니다. 처음에는 예수님이 불쌍했습니다. 그러나 결국은 저 자신을 위해 울었습니다. 말할 수 없는 죄인인 나를 위하여 한없이 낮아지신 주 예수님을 보았습니다. 저를 구원하시기 위하여 예수님께서 실제 어떤 고난을 당하셨는가를 알았습니다.

그 새벽 이후 제 마음이 크게 달라졌습니다. 빨리 교회를 성장시켜야 한다는 조급함과 교인들에 대한 원망이 사라졌습니다. 저를 향한 십자가의 은혜, 저를 향한 하나님의 사랑이 얼마나 큰지 알 것 같았습니다. 지식이 아니라 마음으로 말입니다. 감사만이 나왔습니다.

이것이 엄청난 부흥이요 십자가의 능력이었습니다. 하나님께서 제게 원하시는 것은 기적을 행하는 능력이 아니라 그보다 더 크고 귀한 십자가 사랑의 능력을 경험하는 것이었습니다. 제게는 이 십자가의 능력만 있으면 되는 것이었습니다.

이후 제 삶과 목회에 엄청난 변화가 있었습니다.
'사랑'의 씨앗이 가슴에 움트는 것을 느낄 수 있었습니다.
피곤하고 긴장되고, 원망과 비판으로

지치는 목회가 아니라
교인을 사랑하고 사명을 사랑하고
돌짝밭을 감사하는 목회로 바뀌었습니다.

사순절 절기를 보내는 여러분 모두에게도 십자가 체험이 분명하기를 축복합니다.

20130308

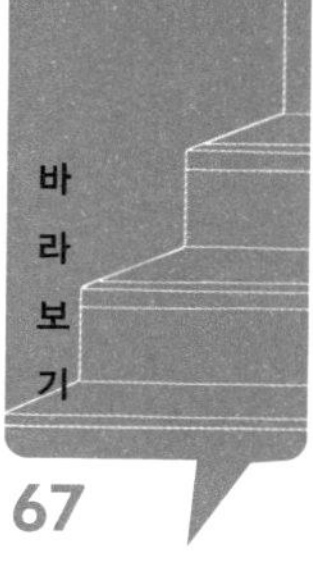

은밀한 죄를 이기는 승리

LOOKING UNTO JESUS

››› 이따금 메일을 통하여 정말 고통스러운 질문을 받습니다. 은밀한 죄가 드러나 죽을 것 같은 고통을 당하는 이들의 상담입니다.

"예수님을 믿으면 정말 죄를 이길 수 있나요?"

저는 예수님을 영접한 후 다시는 죄를 짓고 싶지 않았고, 또 실제로 죄를 짓지 않게 될 줄 알았습니다. 그러나 얼마 안 가서 너무나 좌절하게 되었는데, 그것은 제 안에 죄가 여전히 있었기 때문입니다. 욕심, 교만, 정욕, 불순종 등 하나도 달라진 것이 없었습니다. 너무나 당황스럽고 괴로워 몸부림치면서 울기도 많이 울었습니다.

"나는 과연 예수님을 바로 믿는 것인가? 나는 정말 거듭났는가?"

저는 요한일서 5장 18절 말씀을 읽고 절망했습니다. 누구도 그 말씀의 진정한 교훈을 가르쳐주지 않았기 때문입니다.

"하나님께로부터 난 자는 다 범죄하지 아니하는 줄을 우리가 아노라"(요일 5:18).

저는 그리스도인이라도 어쩔 수 없이 은밀히 죄짓고 살 수밖에 없다고 생각했습니다. 예수님을 믿으니, 죄를 지을 때마다 회개하면 언제나 용서받게 되는 것이 십자가 복음이고 은혜라고 생각했고, 그렇게 살다가 죽고 나서 천국에 가면 그때 죄짓는 삶에서 벗어날 수 있다고 생각했습니다.

그러나 이런 생각으로는 제 마음의 고통이 해결되지 않았습니다. 그러다가 저 자신이 너무 가증하다고 여겨져서 목사직을 그만두어야겠다고 생각했던 적도 있었습니다. 이런 몸부림 중에 하나님께서는 '도무지 이길 수 없는 죄'를 이기는 길을 가르쳐주셨습니다. 그것은 주 예수님과의 연합과 주 예수님을 바라보는 눈을 열어주신 것입니다.

예수님을 믿어도 왜 은밀한 죄에서 벗어나지 못하는 것입니까? 예수님을 믿을 때 속죄함만 받은 것이 아니라 예수님과 연합하게 되었음을 제대로 배우지 못했기 때문입니다.

"내 안에 거하라 나도 너희 안에 거하리라 가지가 포도나무에 붙어 있지 아니하면 스스로 열매를 맺을 수 없음 같이 너희도 내 안에 있지 아니하면 그러하리라 나는 포도나무요 너희는 가지라 그가 내 안에, 내가 그 안에 거하면 사람이 열매를 많이 맺나니 나를 떠나서는 너희가 아무것도 할 수 없음이라"(요 15:4,5).

예수님과 연합한 자가 될 때만 우리는 죄의 종노릇하는 데서 벗어나게 됩니다.

"우리가 알거니와 우리의 옛 사람이 예수와 함께 십자가에 못 박힌 것은 죄의 몸이 죽어 다시는 우리가 죄에게 종노릇하지 아니하려 함이니"(롬 6:6).

나는 죽고 예수로 사는 십자가 복음을 전하고 또 전했습니다. 저 자신에게 일어난 진정한 구원의 감격이 너무나 놀라웠기 때문입니다.

그 후 성령님은 저를 임마누엘이신 주 예수님과의 인격적인 교제로 이끄셨습니다. 주 예수님을 바라보게 해주셨습니다. 임마누엘이신 주 예수님을 바라보는 눈이 뜨이게 되면서 비로소 은밀한 죄를 이기는 승리가 오기 시작했습니다.

우리가 아무리 강한 죄의 유혹을 받아도
사람들 앞에서는 죄를 짓지 않습니다.
사람들의 눈을 의식하기 때문에
강한 죄의 유혹을 따라 살지 않는 것입니다.
만약 사람들의 눈도 이런 힘이 있다면
임마누엘 예수님을 알고 나면 어떻게 되겠습니까?

요한일서 5장 18절은 그것을 말씀하는 것입니다.

"하나님께로부터 나신 자가 그를 지키시매 악한 자가 그를 만지지도 못하느니라."

우리가 죄를 짓지 않게 되는 것은 예수님 때문에 죄를 짓지 않게 되는 것입니다. 우리 육신에서 죄성(罪性)이 사라지는 것이 아닙니다. 문제는 '우리 죄의 욕망이 얼마나 강한가?'가 아니라 우리가 '임마누엘이신 주 예수님을 얼마나 바라보느냐'입니다. 그래서 24시간 주 예수님을 바라보자는 것이고, 영성일기를 쓰도록 권하는 것입니다.

20130511

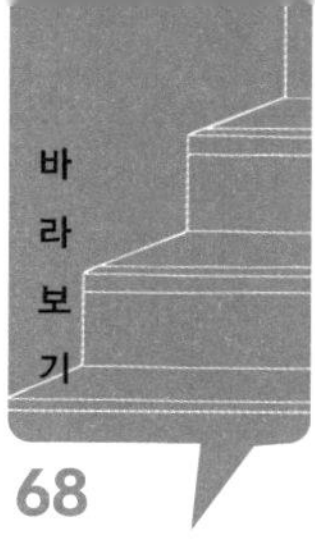

저절로 죽습니다

LOOKING UNTO JESUS

››› 24시간 예수님을 바라보는 것이 얼마나 놀라운 일인지, 많은 분들로부터 귀한 나눔이 계속됩니다.

한 분이 제게 메일을 보내셨습니다.

"목사님 말씀을 듣고, 내 안에 계신 예수님을 정말 바라보고 사니까 의지력 없던 제가 11년간 피웠던 담배, 술을 모두 끊었습니다. 벌써 1년이 지났습니다. 제가 끊은 게 아니라 끊어졌습니다. 소홀했던 예배 시간은 어느새 정말 소중한 시간이 되었습니다. 매 순간은 아니지만 주님을 사랑한다고 진심으로 고백하게 됩니다. 받은 은혜가 너무 감사하기 때문입니다."

영성일기를 통해 24시간 예수님을 바라보면서 일어나는 일은 기적과도 같습니다. 죽은 사람이 살아나는 것보다 더 놀라운 일이라는 생각이 듭니다. 죽은 사람이 살아나는 것도 엄청난 일이겠지만, 그가 거듭나지 않은 사람이라면 그 기적이 무슨 유익이 있겠습니까?

주 예수님과 친밀히 동행하는 삶을 살게 되면 어떤 일이 일어나는지, 저의 삶과 보내주신 사연들을 살펴보고 정말 놀랐습니다.

첫째, 은밀한 죄가 없어진다는 것입니다.
둘째, 혼자 있어도 무절제해지지 않습니다.
셋째, 거짓말이 없어집니다.
넷째, 혈기나 성질, 지나친 농담이 없어집니다.
다섯째, 두려움과 염려가 없어집니다.
여섯째, 교만하지 않게 됩니다.
일곱째, 무시로 기도하게 됩니다.
여덟째, 말씀 묵상이 깊어집니다.
아홉째, 어떤 상황에서도 기쁨과 감사가 생깁니다.
열 번째, 자아의 죽음을 받아들이는 것이 어렵지 않습니다.

저는 이 마지막 항목이 가장 놀라웠습니다. 그렇게 "죽었다, 죽었다" 하는데도 자기는 안 죽은 것 같다는 이들이 많았기 때문입니다. 자신이 정말 예수님을 바라보는지 아닌지는 자기 부인을 점검해보면 압니다. 자아가 죽는 것이 이해하기 어렵고, "왜 나는 여전히 안 죽은 것 같은가?", "죽는 것이 제일 어렵다"고 탄식하는 것은 예수님을 바라보지 못하고 자기 노력으로 자아를 죽이려 하기 때문입니다.

죽음이란 주님을 상상하면서 스스로 자기를 억제하려고 애를 쓰는 것이 아닙니다. 그것은 도를 닦는 것이지 복음 안에서 누리는 자유함이 아닙니다. 살아 계신 예수님을 누리는 것은 "죽어야지"가 아니라 저절로 죽습니다. 거기서 기쁨, 감사, 사랑, 헌신, 열정이 일어나는 것입니다.

영성일기를 쓰고 24시간 예수님을 바라보려는 노력들이 계속되면서, 제게도 많은 이들에게도 삶의 변화가 일어나고 있습니다. 여러분도 이 은혜를 누리시기를 축복합니다.

20130404

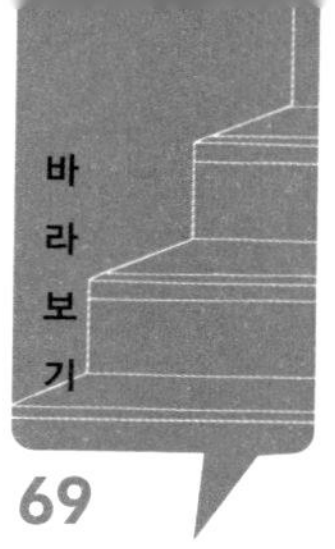

자신의 죽음을 누리십시오

LOOKING UNTO JESUS

››› 영성일기 칼럼에 댓글로 올라온 질문이 있었습니다.

"믿음으로 계속 죽었다고 고백하면 어느 순간 죽음이 임하여지는 건가요?"

아닙니다. "나는 죽었습니다. 나는 죽었습니다" 고백하다보면 어느 순간 자아가 죽어지는 것이 아닙니다. "나는 죽었습니다!" 하고 고백하는 것은 하나님께서 이루신 놀라운 일에 대하여 "아멘" 하는 것일 뿐입니다.

성경은 예수께서 십자가에서 죽으실 때, 하나님께서 앞으로 예수님을 구주로 영접하여 세례를 받는 이들도 예수님과 함께 죽었다고 인정하셨다고 증거하고 있습니다.

"무릇 그리스도 예수와 합하여 세례를 받은 우리는 그의 죽으심과 합하여 세례를 받은 줄을 알지 못하느냐"(롬 6:3).

그러므로 우리는 단지 "하나님, 감사합니다. 믿습니다. 찬양합니다" 하는 것입니다. 그러면 하나님께서 또 놀라운 일을 행하시는데, 예수님의 부활과 연합하여 살게 하시는 것입니다.

"그러므로 우리가 그의 죽으심과 합하여 세례를 받음으로 그와 함께 장사되었나니 이는 아버지의 영광으로 말미암아 그리스도를 죽은 자 가운데서 살리심과 같이 우리로 또한 새 생명 가운데서 행하게 하려 함이라"(롬 6:4).

따라서 우리는 "나는 죽었습니다, 나는 죽었습니다" 하면서 서서히 죽음에 이르는 것이 아닙니다. 예수님과 함께 죽었음을 믿음으로 예수님을 믿고 구원받은 삶이 시작되는 것입니다.

어느 목사님께서 "이제부터 저도 '나는 죽었습니다' 고백할 수 있도록 노력하겠습니다"라고 하셨습니다.

아닙니다. "자아가 죽는 것"은 우리의 목표가 아닙니다. 그러면 한 번도 살아본 적이 없듯이 살다가 죽게 됩니다. "나는 죽었습니다" 할 수 있도록 노력하는 것이 아니라 "나는 죽었습니다"라고 믿고 고백할 때부터 그리스도인의 삶과 사역이 시작되는 것입니다. 이것은 세례받을 때의 믿음입니다. 그때부터 주님이 새 생명으로 우리의 삶에서 역사하시는 것입니다.

그러나 많은 교인들이 "나는 아직 안 죽었다"고 말합니다. "나는 죽었습니다"라고 고백하지만 여전히 음란, 혈기, 나태 등 육신의 역사가 자신 안에 있음을 느끼기 때문에 혼란스러워합니다.

싱클레어 퍼거슨(Sinclair B. Ferguson)이 쓴 《성도의 삶》이라는 책에 나온 글이 예수님 안에서 자아의 죽음을 이해하는 데 도움이 될 것입니다.

"우리가 죄의 종노릇하지 않게 되었다고 해서 죄와의 싸움도 끝났다는 것은 아니다. 오히려 새로운 싸움이 시작된다. 우리가 죄에 대하여 죽었지만 우리 안의 죄는 죽지 않았기 때문이다…. 죄는 여전히 남아 있다. 우리 안에서 변한 것은 죄의 존재가 아니라 그 죄의 지위가 변한 것이다. 곧 죄가 우리를 지배하지 못하게 되었다는 것이다. 그리고 그 죄와 우리의 관계가 달라진 것이다. 곧 우리는 더 이상 죄의 노예가 아닌 것이다."

우리의 옛 사람이 죽은 증거는 우리 안에 임하신 성령님입니다. 성령님이 우리 안에 거하신 것을 보면 하나님께서 우리 죄를 사하심과 우리 옛 사람을 죽었다고 인정하심을 알 수 있습니다. 우리 죄가 사함받지 못하고 옛 사람이 죽지 않았다면 성령님이 우리 안에 오실 수 없기 때문입니다.

사도 바울이 날마다 죽는다고 한 말은 사도 바울이 주 예수님과 항상 동행하는 사람이었음을 알아야 이해할 수 있습니다. 우리가 항상 예수님을 바라보며 살아가면 십자가 사건이 과거의 사건이 아니라 우리 안에서 매 순간 반복되는 사건이 됩니다. 날마다 우리 자아는 죽고 예수님이 사시는 역사가 계속된다는 의미입니다. 이것이 "날마다 죽노라" 하는 말씀입니다.

그러므로 "나는 죽었습니다" 고백하는데도 부활의 삶을 살지 못하는 이유는 "나는 예수님과 함께 죽었다"는 차원에 머물렀지 "예수님으로 산다"는 확신을 가지고 예수님을 바라보지 않기 때문입니다. '나는 죽고 예수로 사는' 십자가 복음의 핵심은 죽음에 있는 것이 아니라 '부활하신 예수님으로 사는' 생명에 있습니다. 그래서 성경은 "예수를 바라보라!"고 하는 것입니다.

정말 예수님께서 우리 안에 오셨다면 24시간 예수님을 바라보아야 정상입니다. 24시간 예수님을 바라보면 '나의 죽음'은 너무나 자연히 누려집니다.

20130523

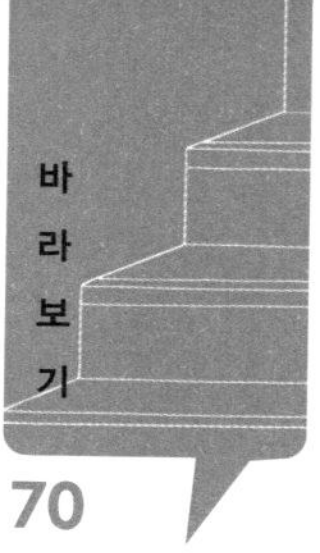

24시간 바라만 봐도 좋은 선한 목자

LOOKING UNTO JESUS

››› 어떤 분이 "24시간 예수님을 바라보라"는 말에 대하여 "분명 거짓말이다! 사람이 어떻게 24시간 예수님을 바라볼 수 있겠느냐? 자기는 하겠느냐? 자기도 할 수 없는 것을 교인들에게 어떻게 하라고 하느냐?" 하였다는 말을 들었습니다.

그 말을 듣고 참 답답한 마음이 들었지만 그 말 역시 그 분 안에 있는 주님을 향한 갈망이라 깨달아졌습니다.

저는 할 수 있는 대로 논쟁을 피하려고 합니다. 이따금 어떤 신학적인 문제로 토론을 벌이게 될 때가 있습니다. 그럴 경우 우리는 자신이 아는 모든 지식을 동원하여 자신의 견해를 뒷받침하거나 치밀한 논리로 상대를 설득하려 합니다. 그러나 항상 뒷맛이 씁쓸합니다.

토론이 주는 유익이 분명히 있고 확고한 이론을 세우겠다는 의욕도 소중한 것인데, 왜 토론할 때마다 무엇인가가 빠진 것 같아 다 헛되고 쓸데없는 짓이라는 생각이 드는 것일까요?

그것은 우리의 토론에 ‘무엇인가’(something)가 빠진 것이 아니라 ‘누군가’(someone)가 없기 때문입니다. 예수님에 대하여 토론할 때조차도 진정 주 예수님의 임재하심을 바라보지 않기에 토론이 공허할 수밖에 없는 것입니다.

그래서 사도 바울이 고백한 것입니다.

“내가 너희 중에서 예수 그리스도와 그가 십자가에 못 박히신 것 외에는 아무것도 알지 아니하기로 작정하였음이라”(고전 2:2).

그래서 저는 논쟁을 할 마음이 없습니다. 오직 제 마음의 중심의 갈망을 나누고 싶을 뿐입니다. 저는 “예수를 바라보자”(히 12:2)는 말씀을 “24시간 주 예수님을 바라보라”는 말로 읽은 것뿐입니다. 이 말은 그저 예수님을 한 번 바라보라는 말이 아니라 항상 바라보라는 권면이기 때문입니다. NIV 성경에서는 이 말을 “Let us fix our eyes on Jesus”라고 번역하였습니다. 이것은 주 예수님을 향한 우리 마음의 갈망이 어떠해야 하는지를 말하는 것입니다.

제 마음의 안타까움은 우리가 주 예수님과 그분의 십자가 공로에 눈을 고정하지 않으면, 구원의 능력이 없는 것들에 눈이 돌아갈 가능성이 100퍼센트라는 것입니다. 주 예수님 외에 우리의 눈과 마음을 빼앗는 것은 모두 우상숭배입니다.

티머시 켈러(Timothy Keller)는 죄인인 우리는 “습관적이고도 본능적으로 주 예수님과 그분의 은혜가 아닌 다른 것을 자신의 의로움과 소망, 의미, 보호막으로 삼으려고 한다”고 했습니다. 그리고 “복음을 믿고 주님을 영접한 뒤에도 주파수를 복음에 맞추지 않으면 다른 인생철학이 계속해서 당신의 마음을 주장하려 들 것이다"라고 경고했습니다.

그렇습니다. 주 예수님을 영접하고도, 주 예수님보다 다른 것에 관심이 더 많은 그리스도인이 너무나 많습니다. 그것이 안타까운 것입니다.

예수님은 우리의 좋은 목자이십니다.
한 달에 한 번 와보는 목자는 좋은 목자가 아닙니다.
일주일에 한 번 오는 목자도 좋은 목자가 아닙니다.
매일 오거나 아침에만 오는 목자도 좋은 목자가 아닙니다.
밤에 양들만 두고 퇴근하는 목자라면 좋은 목자가 아니지요.
항상 함께하여주시니 좋은 목자입니다.
그러므로 24시간 주 예수님을 바라보아야 주님의 양인 것입니다.

아무리 그럴듯한 교회 사역이라 할지라도, 주 예수님보다 더 마음을 빼앗았다면 그 역시 우상숭배일 뿐입니다. 제가 그런 목사였습니다. 엄청난 죄를 짓고도 저는 잘한다고 생각했으니 이 얼마나 두려운 일입니까? 교회 사역이 우상이 되어 오히려 교회를 무너뜨리고 마는 이들을 얼마나 많이 봅니까?

예수님의 말씀에는 아무런 복선도 깔려 있지 않습니다.
"나를 떠나서는 너희가 아무것도 할 수 없음이라"(요 15:5).

이 말에 혹시 다른 의미는 없는지 찾으려 하지 마십시오. 아무것도 할 수 없다는 것은 말 그대로 '아무것도' 할 수 없다는 뜻입니다. 그렇기에 성경은 예수님을 떠난 상태를 '무능'이 아닌, '죽음'이라고 말하는 것입니다.

우리가 24시간 예수님만 바라보고 살겠다는 것은 더 이상 우리 자신이 주인인 삶을 포기하겠다는 결단입니다.

김영봉 목사님이 쓰신 《가장 위험한 기도, 주기도》란 책에 나오는 한 구절입니다.

"데이비드 팀스(David Timms)는 '당신의 나라가 임하시옵소서'(Thy Kingdom come)라는 기도를 뒤집으면 '내 나라가 끝나게 하옵소서'(My kingdom done)라는 기도가 된다고 말했습니다. 기막힌 통찰입니다."

우리 모두 24시간 주 예수님을 바라봅시다!

20130604

2013.03.09

제가 지옥에 갈 수밖에 없는
죄인임을 깨달은 다음
십자가를 바라보는 눈이 열렸습니다.
십자가는 정말 저를 위한 십자가였습니다.
비로소 제가 목사가 된 것이 감사했습니다.
주님께 완전한 헌신도 결단했습니다.

그 후 정말 모든 것이 달라졌습니다.
이제 열심히 주의 일을 하는 것만 남은 것 같았습니다.
그러나 아직 아니었습니다.
제가 배워야 할 십자가가 또 있었습니다.

가장 큰 어려움은 제가 위선자요
가증하다는 자책감이었습니다.
설교하고 가르치면서도 정작 제 자신이
그대로 살지 못하는 것이 괴로웠습니다.

저는 자존심으로 뭉친 괴물과도 같았습니다.
잘못하고도 자존심 때문에 사과를 못하고
용서를 빌지 못했습니다.
변명하고 합리화하기에 급급했습니다.
'참아야지', '용서해야지',

'사랑해야지' 하며
수없이 다짐했고 기도했지만,
변화되지 않았습니다.

위선자의 고민을 아십니까?
마음에 기쁨과 평안은 없이
말로만 사랑을 외치고 용서를 외치는
무대 위 광대와 같은 목사의 심정을 아십니까?
때로는 자학하기도 했습니다. 금식도 했습니다.
때로는 사탄 마귀에게 책임을 전가시키기도 했습니다.
그래도 곤고함은 떠나지 않았습니다.

멀리 있는 사람은 속일 수가 있었지만
가까이 있는 제 아내와 두 딸, 동역자는
얼마나 실망했겠으며 안타까워했겠습니까?

저는 나름대로도 제 자신에 대한 연구를 많이 했습니다.
그러나 답은 없었습니다.
자신이 미워지고 용서가 안 되는데
누구를 사랑하고 누구를 용서할 수가 있겠습니까?
그래서 "자격이 없으면 강단에서 내려주시옵소서!"라는
기도를 몇 번이고 했는지 모릅니다.

그때 하나님께서는
갈라디아서 2장 20절 말씀을 통하여
"죽으라" 하셨습니다.
주님은 '죽음의 능력', '죽음의 축복'을
가르쳐주셨습니다.
저 자신에 대하여 절망하지 않았다면
저는 죽음을 받아들이지 않았을 것입니다.

하지만 문제는 아직 남았습니다.
"죽여주십시오.
하나님, 저를 죽여주십시오"라고 기도했지만
자아는 죽어지지가 않는 것이었습니다.
저는 사도 바울이 부러웠습니다.
어떻게 하면 "나는 예수 그리스도와 함께
십자가에 못 박혔다!"라고 할 수 있는지 말입니다.
저는 사도 바울이 오랜 기간 경건생활을 하는 중
그런 경지에 다다른 줄 알았습니다.
'나는 언제나 그런 경지에 다다를까' 생각하니
한숨이 나왔습니다.
과연 그런 고백을 할 수 있을지
확신도 생기지 않았습니다.

그런 저에게 주님은 로마서를 강해하면서
로마서 6장으로
십자가를 바라보는 눈을 새롭게 열어주셨습니다.
제가 이미 예수 그리스도와 함께
십자가에서 죽었다는 것이었습니다.
"무릇 그리스도 예수와 합하여 세례를 받은 우리는
그의 죽으심과 합하여 세례를 받은 줄을 알지 못하느냐
그러므로 우리가 그의 죽으심과 합하여 세례를 받음으로
그와 함께 장사되었나니
이는 아버지의 영광으로 말미암아
그리스도를 죽은 자 가운데서 살리심과 같이
우리로 또한 새 생명 가운데서
행하게 하려 함이라"(롬 6:3,4)

이 말씀을 읽고 묵상하다가 얼마나 놀랐는지 모릅니다.
"나는 이미 죽었구나!"
"하나님께서 나를 예수 그리스도와 함께
죽었다고 인정하시는구나!"

하나님은 로마서 6장 11절 말씀을 통하여
제가 어떻게 해야 하는지 가르쳐주셨습니다.
"이와 같이 너희도 너희 자신을 죄에 대하여는 죽은 자요

그리스도 예수 안에서 하나님께 대하여는
살아 있는 자로 여길지어다"(롬 6:11).
"죽어야지", "죽여주세요" 하는 것이 아니라
내가 이미 죽었음을 받아들이고
"나는 죽었습니다"라고
고백하기만 하면 되는 것이었습니다.
이런 놀라운 은혜를 깨닫고도
한동안 죽음에 대한 체험을 하지 못했습니다.
고백이 없었기 때문입니다.

그러던 중 교회 안에서 너무나 억울한 소문에
휩싸이는 일을 겪게 되었습니다.
교인과의 문제라 말도 못하고 싸우지도 못하고
꼼짝없이 억울함이 밝혀지기만을
기다려야 하는 상황이었습니다.
기도도 안 되고 속이 썩어 이렇게 죽는구나 하는
심정일 때, 나도 모르게 튀어나온 고백이
"주여, 죽었습니다.
저 유기성이는 죽었습니다!" 였습니다.
그렇게 10번 정도 고백했을 때,
제게 죽음이 임하는 놀라운 체험을 했습니다.

두려움도, 염려도, 걱정도,
미움, 원망, 욕심도 조바심도 다 사라지고
말할 수 없는 평안이 제 마음에 가득했습니다.
언제나 찬양하고 누구라도 사랑할 수 있을 것 같았습니다.

그때 "주님의 마음을 제게 주십시오" 하고 구했는데,
그 직후 저는 통곡했습니다.
이유를 알지 못하고 울기만 했습니다.
그때 주님의 마음에 우리를 향한
애통함이 많음을 처음으로 알았습니다.
죄인과 죄악 된 세상을 향한 주님의 마음은
미움도 분노도 아니고 슬픔이었습니다.

십자가의 놀라운 은혜는
예수님 안에서 우리도 죽었다는 것입니다.
자아의 죽음은 사도 바울과 같이
자신이 이미 십자가에 못 박혔음을 인정하고
고백함으로 누리는 것입니다.

이 놀라운 십자가의 은혜를
모두 다 누리시기를 축복합니다.

예수를 바라보자

초판 1쇄 발행 2014년 2월 18일
초판 21쇄 발행 2025년 4월 28일

지은이 유기성

펴낸이 여진구
책임편집 안수경
편집 이영주 박소영 최현수 구주은 김도연 김아진 정아혜
책임디자인 마영애 | 노지현 조은혜 정은혜
홍보 · 외서 진효지
마케팅 김상순 강성민 마케팅지원 최영배 정나영
제작 조영석 허병용 경영지원 김혜경 김경희

303비전성경암송학교 유니게 과정
이슬비전도학교 / 303비전성경암송학교 / 303비전꿈나무장학회

펴낸곳 규장

주소 06770 서울시 서초구 매헌로 16길 20(양재2동) 규장선교센터
전화 02)578-0003 팩스 02)578-7332
이메일 kyujang0691@gmail.com 홈페이지 www.kyujang.com
페이스북 facebook.com/kyujangbook 인스타그램 instagram.com/kyujang_com
카카오스토리 story.kakao.com/kyujangbook
등록번호 1922-2461
since 1978.08.14

책값 뒤표지에 있습니다.
ISBN 978-89-6097-330-5 03230

규 | 장 | 수 | 칙

1. 기도로 기획하고 기도로 제작한다.
2. 오직 그리스도의 성품을 사모하는 독자가 원하고 필요로 하는 책만을 출판한다.
3. 한 활자 한 문장에 온 정성을 쏟는다.
4. 성실과 정확을 생명으로 삼고 일한다.
5. 긍정적이며 적극적인 신앙과 신행일치에의 안내자의 사명을 다한다.
6. 충고와 조언을 항상 감사로 경청한다.
7. 지상목표는 문서선교에 있다.

하나님을 사랑하는 자 곧 그의 뜻대로 부르심을 입은 자들에게는 모든 것이 合力하여 善을 이루느니라(롬 8:28)

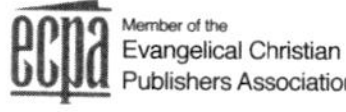

규장은 문서를 통해 복음전파와 신앙교육에 주력하는 국제적 출판사들의 협의체인 복음주의출판협회(E.C.P.A:Evangelical Christian Publishers Association)의 출판정신에 동참하는 회원(Associate Member)입니다.